글로벌 트렌드 2040

Global Trends 2040
- A More Contested World -

● 코로나 이후, 다시 쓰는 경쟁 구도 ●

글로벌 트렌드 2040

美 국가정보위원회 지음 | 곽지원 주정자 김주희 옮김 | 투나미스

GLOBAL TRENDS 2040

A MORE CONTESTED WORLD

"정보는 예측의 무오성을 단언하지 않는다.
정보가 밝힌 정답은 매우 객관적인 근거를 토대로
심사숙고 끝에 내놓은 추정이라 주장할 뿐이다."

서먼 켄트
전 CIA 국가분석국장

美 국가정보원이 7번째 발행한 『글로벌 트렌드Global Trends』에 접속한 여러분을 환영합니다. 1997년 이후 4년마다 발간된 『글로벌 트렌드』는 앞으로 20년간 전략적 환경을 조성할 주요 트렌드와 불확실한 미래를 분석해 왔습니다.

『글로벌 트렌드』는 각 행정부가 출범한 직후, 정책위원들이 국가의 안보전략을 수립하고 불확실한 미래를 개척할 때 필요한 분석 기준을 제시하기 위해 기획한 것입니다. 보고서의 목표는 2040년에 펼쳐질 세계를 정확히 예측하는 것이 아니라 정책위와 시민들의 시야를 넓혀 개연성 있는 미래를 준비하도록 돕는 것입니다.

『글로벌 트렌드』는 국가정보위원회에 소속된 저술팀이 방법론을 개발하고 분석 결과를 기술하는 독창적인 프로젝트입니다. 최종본이 나오기까지는—과거의 보고서를 검증·평가하고 각 분야의 전문가들에게 자문을 구하며 자료를 수집하며 위탁 연구로 정보를 찾아내는가 하면 이를 종합해 개요와 초안을 작성하고 위원회 안팎에서 피드백을 받아 분석한 결과를 수정·정리하는 등—수많은 단계를 거치게 됩니다.

『글로벌 트렌드』의 주요 골자는 '보안 출입문security gates' 바깥에 존재하는 세인과의 대화에 있었습니다. 연구팀은 다방면의 저명한 학자 및 연구자들과 이야기를 나눈 덕에 최근 발표된 이론과 데이터의 기반을 마련할 수 있었습니다. 아울러 연구팀은 워싱턴 DC에 사는 고등학생들을 비롯하여 아프리카 시민단체와 아시아의 재계인사, 유럽 및 아시아의 미래학자, 남미의 환경단체에 이르기까지 다양한 목소리에 귀를 기울이기도 했습니다. 이들과의 소통으로 우리는 참신한 아이디어와 식견을 두루 갖출 수 있었고 가설을 꼼꼼히 따져가며 선입견이나 맹점을 파악할 수 있었습니다.

대규모 프로젝트를 진행할 때는 분석 결과를 일관성이 있고 통합적이며 미래지향적인 스토리로 구성해야 하는 문제에 부딪치곤 합니다. 연구팀은 두 가지 중심 원칙을 따라 보고서를 구성했습니다. 첫째, 미래의 전략 환경을 조성하고 있는 변수를 규정·분석하고 둘째, 대중과 지도자가 이 변수에 대응하는 방식을 탐구했습니다.

연구팀은 이 같은 구성 원칙에 입각하여 세 가지 보편적인 주제를 분석했습니다. 1부에서는 인구와 환경, 경제 및 기술이라는 4대 중심 영역의 '구조적인 변수'를 살펴보았습니다. 이는 미래의 분위기를 조성하는 토대가 될 뿐 아니라 비교적 보편적인 주제이기도 하며 가용 데이터와 증거를 기반으로 한 합리적인 예측이 가능하기 때문입니다. 2부에서는 구조적인 변수가 다른 변인과 작용하여 세 가지 위상—개인과 사회, 국가 및 국제사회—의 '떠오르는 변수'에 영향을 주는 경위를 조명했습니다. 2부에서 내놓은 분석 결과는 미래를 조성할 선택지가 다양하기 때문에 좀더 불확실하다고 봅니다. 연구팀은 새로운 변수를 움직이는 원동력과 발전의 추이를 비롯하여, 각 위상의 주요 변수를 규정하고 글로 풀어내는 데 주안점을 두었습니다. 끝으로 3부에서는 불확실한 상황을 짚어 보고 이를 적용한 5가지 가상 시나리오를 통해 2040년의 세계를 전망해 보았습니다. 가상 시나리오는 예측 자체에 목적이 있다기보다는 개연성에 대한 시야를 넓혀, 구조적인 변수와 새로 부상하는 변수 및 불확실한 상황이 작용하는 경위를 조합하는 데 있다고 봅니다.

장기적인 미래를 전망할라치면 다루거나 강조해야 할 이슈는 무엇이며 버려야 할 이슈는 무엇인지 선택하는 것도 녹록하지 않은 문제입니다. 국가정보위는 수십 년에 걸쳐 지역사회와 국가 및 국제사회를 조성할 가능성이 높은 지구촌의 장기적 트렌드와 변수에 집중하고 폭넓은 맥락에서 이를 제시하고자 했습니다. 때문에 단기적인 이슈나 사태는 비중이 다소 낮습니다.

미래는 항상 예기치 못한 방향으로 흘러갈 수 있다는 사실을 알기에 겸허한 마음으로 전망을 분석합니다. 사실 『글로벌 트렌드』는 대다수의 정보 분석보다 추측에 근거하기 때문에 연구팀만의 정보 분석 노하우를 활용해 왔습니다. 이를테면, 정보에 근거하여 충분히 해명된 논지를 구축하고, 연구 결과를 공개할 때 명확하지 않은 정보는 분명히 지적하며, 대안이 되는 가설과 오류에 빠질 수 있는 사례까지도 감안하고 있다는 것입니다. 국가정보위는 정책을 변호하지 않습니다. 『글로벌 트렌드』는 미래의 트렌드에 대한 정보위의 시각을 반영할 뿐, 미국 정보기관의 공식적인 견해나 국내 정책을 대변하진 않습니다.

보고서를 공개하고 나니 전 세계 독자들이 이를 읽고 미래를 고민할 수 있게 되었다는 생각에 마음이 뿌듯해집니다. 모쪼록 『글로벌 트렌드 2040: 코로나 이후, 다시 쓰는 경쟁 구도Global Trends 2040: A More Contested World』가 공동의 미래를 토론하는 데 유익한 자료가 되길 바랍니다.

끝으로, 세계의 동향을 파악하고 미래를 탐구하며 초안을 작성하는 데 일익을 담당한 국가정보위원회 및 여타 정보기관 동료들에게 감사의 뜻을 전합니다.

국가정보위원회NIC
미래전략팀
2021년 3월

주요 논제

지난 1년 동안, 코로나19 팬데믹은 전 세계의 취약성을 일깨웠고 상생이 되레 위험할 수 있다는 사실을 입증해 주었다. 수년에 수십 년이 지나고 나면 세계는 질병과 기후변화, 신기술 및 금융위기발 혼란으로 끝을 알 수 없는, 심각한 난관에 봉착할 것이다.

이러한 문제는 지역사회와 국가와 국제사회의 회복력과 적응력을 재차 시험해 기존 시스템·모델이 버틸 수 있는 한계를 초과할 때도 더러 있을 것이다. 이처럼 현재·미래의 위기와 기관·제도의 대응력이 서로 균형을 이루지 못한다면 각계각층에서 경쟁이 과열될 공산이 크다.

과열 경쟁 세계에서 사람들이 기존의, 혹은 새로 부각된 정체성을 바탕으로 뜻을 같이하는 집단과 함께 안전을 도모함에 따라 지역사회는 점차 분열되고, 모든 국가—유형과 지역을 막론하고—는 연결성과 도시화 및 권한 신장에 대한 기대를 충족시키기 위해 안간힘을 쓰고 있으며, 국제사회는—부상하는 중국의 도전을 기화로—경쟁에 불을 지피고 있다. 아울러 국가와 비국가적 주체가 새로운 양상의 권력을 이용하여 지난 수십 년간 안정을 도모해온 규범과 제도를 잠식하고 있기 때문에 갈등이 빚어질 공산도 크다. 그러나 이 같은 구도가 아주 고정된 것은 아니므로 우리는 2040년의 세계를 두고 다양한 가상 시나리오—이를테면, 부흥renaissance하는 민주주의를 비롯하여 동병상련의 비극으로 국제협력의 양상이 크게 달라지는 등—를 그렸다. 물론 각 변수가 어떻게 얽히고 인간이 어떤 선택을 하느냐에 따라 결과는 달라질 것이다.

논지를 뒷받침하는 5가지 키워드

글로벌 과제Global Challenges

전 세계가 공동으로 감당해야 할 '글로벌 과제'가—기후변화와 질병, 금융위기 및 와해성 기술—거의 모든 지역 및 국가에서 좀더 빈번하게 확연히 부각될 공산이 크다. 이러한 이슈는—대개는 인간이 직접 개입하거나 자행하지 않고도—국가와 사회에 부담을 주고 참담한 충격을 안겨줄 것이다. 코로나19는 2차 대전 이후, 보건과 정치·경제 및 안보 면에서 여진이 수년이나 지속될 수 있는 미증유의 사태였다. 기후변화와 환경오염은 결국 빈곤국가의 식량 및 물 부족과 이민을 부추기고 신종 질환을 일으키며 생태계를 파괴하는 데 일조할 가능성이 높고, 신기술은 신속히 확산·보급될수록 노동시장과 산업계 및 공동체뿐 아니라 권력과 인간의 의미까지도 와해시킬 것이다. 또한 전 세계적으로 지속되는 이민 행렬로—2000년에는 이민한 인구가 약 1억 정도 되었으나 2020년에는 2억 7천만 명이 훌쩍 넘는다—정착한 국가와 본국 모두가 관리에 대한 부담을 느낄 것이다. 지금까지의 과제는 서로 얽히고설키며 대거 들이닥

치겠으나 양상은 예상하기 어려울 것이다. 아울러 안보 당국은 무기도 방어해야겠지만 글로벌 과제도 극복하고 적응해야 할 것이다.

분열Fragmentation

둘째, 글로벌 과제는 지역사회와 국가 및 국제사회의 '분열'로 대응에 난항을 겪고 있다. 모순 같지만, 통신과 기술, 교역 및 인구의 이동으로 세계가 연결될수록 인간과 국가는 되레 갈라지고 분열되어 왔다. 사실, 초연결 정보환경과 확대된 도시화와 상생경제란 금융과 의료와 주거를 비롯한 대다수의 일상이 항시 연결된다는 뜻일 것이다. 한 예로 사물인터넷이 2018년에는 100억 개의 기기를 아울렀다면 2025년에는 640억 개를 기록하다 2040년께는 수조에 이를 것으로 전망된다. 즉, 모두가 실시간으로 감찰 대상monitored이 된다는 것이다. 결국 연결성은 효율성과 편의를 도모하고 삶의 질을 향상시키는 데 보탬이 되겠지만 한편으로는 가치관과 목표가 다른 사회를 비롯하여, 인구를 통제하기 위해 디지털을 억제하려는 정권에 이르기까지 각계각층에서 긴장을 고조시킬 것이다. 연결성은 널리 확산될수록 국가나 문화 혹은 정치적 이념에 따라 분열이 가속화될 가능성이 높다. 사실 대중은 진실을 수용하는 시각과, 견해 및 신념이 비슷한 부류의 정보에 매력을 느낄 공산이 크기 때문이다. 반면 세계화는 경제·생산 네트워크가 변화와 다각화를 도모함에 따라 양상이 달라질 것이다. 이러한 변수는 '연결'과 '분열'이 서로 다른 방향으로 얽힌 세계의 전조로 봄직하다.

불균형Disequilibrium

기존 시스템·구조가 글로벌 과제의 규모와 분열의 여파를 감내할 수 없게 된 탓에 세 번째 주제인 '불균형'이 부각되고 있다. 현안과 위기사태에 대응해야 할 국제사회와 조직이 점점 엇박자를 내고 있기 때문이다. 이는 인구가 맞닥뜨리고 있는 글로벌 과제에 적절히 대처할 수 없을 만큼 국제 시스템—기구와 연합, 규정 및 규범 등—이 부실하다는 방증이다. 코로나19는 의료 대란 앞에서는 국제적 협력이 취약하다는 사실과 아울러, 기존 제도와 기금 수준 및 향후 의료 문제가 서로 갈피를 잡지 못하고 있다는 점을 분명히 보여주었다. 국가와 사회를 들여다보면 국민의 요구와 정부·기업이 감당할 수 있는 역량 사이의 격차는 점차 벌어질 공산이 크다. 국민들은—베이루트에서 보고타와 브뤼셀에 이르기까지—정부의 무능에 반발하며 시위에 가담하고 있다. 이러한 불균형에 구체제old orders는—제도나 규범 혹은 거버넌스(지배구조)를 통틀어—부담을 느끼고 때로는 권위마저 떨어지고 있는 추세다. 반면 전 세계 주역들은 새로운 문명사회 모델의 합의점을 찾기 위해 안간힘을 쓰고 있다.

경쟁Contestation

불균형의 결과 중 하나로 지역사회와 국가 및 국제사회의 '경쟁'을 꼽는다. 경쟁이란 사회와 국가와 국제사회에서 고조되는 긴장과 내분과 경쟁을 모두 아우른다. 사회 다수가 정체성에 따라 갈라지면 그만큼 파열음도 커지게 마련이다. 국가가 국민의 요구에 부응하기 위해 고전하면 할수록 사회와 정부의 관계는 만성적인 갈등 국면에 접어들 것이다. 그러면 정국이 불안해지고 거센 격론이 오갈 공산이 큰데, 지역과 이념과 지배구조를 막론하고 갈등의 영향을 받지 않는다거나 뾰족한 수를 가진 것은 없을 듯싶다. 국제사회에서는—서방세계가 주도하는 국제사회와 미국을 상대로 중국이 도전장을 낸다면—지정학적 환경이 패권 경쟁의 장이 될 것이다. 주요 선진국들은 새로운 룰을 세우고 이를 아전인수식으로 활용하기 위해 다툼을 벌이고 있다. 정보와 미디어를 비롯하여 무역과 기술혁신 영역 전반에서 벌어지고 있는 경쟁을 두고 하는 말이다.

적응Adaptation

'적응'도 지구촌의 모든 주역actors이 경쟁력을 발휘하는 데 중차대한 변수가 될 것이다. 예컨대, 거의 모든 국가 및 사회는 가열된 지구에 적응해야 한다. 기후가 변하기 때문이다. 대안으로는 맹그로브 숲(mangrove forests, 아열대나 열대의 해변이나 하구의 습지에서 발달하는 숲—옮긴이)을 복원하거나 강수 저장량을 늘리는, 저렴하고 단순한 방편이 있는가 하면 방파제를 건설하고 인구를 대거 이동시키는 복잡한 방편도 있다. 인구가 달라져도 적응이 필요하다. 가령, 중국과 일본, 한국 및 유럽 등, 초고령사회에 접어든 국가가 자동화 설비를 구축한다거나 이민자를 늘리는 등의 대안이 없다면 경제성장에 제동이 걸릴 것이다. 한편, 기술은 적응을 통해 경쟁력을 얻을 수 있는 열쇠가 된다. 예컨대, 국가가 인공지능AI으로 생산성을 향상시킬 수 있다면 경제적 기회를 증진시킴으로써 공공서비스는 늘리고 부채는 줄이며 고령인구의 비용에 대해 자금을 조달하는가 하면 신흥국가가 중진국의 함정(middle-income trap, 개발도상국이 중진국 단계에서 성장 동력 부족으로 선진국으로 발전하지 못하고 경제성장이 둔화되거나 중진국에 머무르는 현상을 일컫는다—옮긴이)을 극복하는 데 보탬이 될 수 있을 것이다. 인공지능 같은 기술은 국내뿐 아니라 국가들 사이에서도 고르게 보급되진 않으므로 적응이 되레 불평등을 부추길 가능성이 높다. 가장 바람직한 모델이라면 적응에 대한 사회적 합의를 세우고 집단행동collective action을 신뢰하며 전문지식과 역량뿐 아니라, 비국가적 세력과의 관계를 이용함으로써 역량을 보완할 수 있는 국가일 것이다.

『글로벌 트렌드 2040』은 3단계에 걸쳐 미래를 분석한다.

(1) 미래의 윤곽을 나타내는 인구와 환경, 경제 및 기술 내의 구조적 변수를 살펴보고

(2) 이를 비롯한 다른 변수가—인간의 대응이 결합된—사회와 국가와 국제사회의 새로운 변수에 영향을 미치는 경위를 분석하며

(3) 2040년에 벌어질 법한 시나리오 다섯 편을 제시할 것이다.

앞서 논의한 핵심 주제는 시나리오 전반에 녹여낼까 한다.

구조적인 변수

인구와 복지

세계 인구의 증가 속도가 둔화되고 중위연령이 증가하는 것이 일부 개발도상국에는 희소식이겠지만 수많은 선진국들은 급속한 고령화와 인구 감소로 부담을 느낄 것이다. 또한 수십 년간 발전해온 교육과 의료서비스 및 빈곤 퇴치 운동이 더는 진전하기가 어려워 이민에 대한 압박감이 증가할 가능성이 높다.

떠오르는 변수

사회

사람들은 혼란스런 경제·기술·인구 동향에 대응하고자 안간힘을 쓰다 보니 비관과 불신의 늪에 빠져들고 있다. 최근 부각된 정체성과 다시 유행하는 지지의사 및 고립된 정보환경은 지역사회 및 국가의 균열을 조장하고 (진보적) 민족주의를 저해하여 일촉즉발의 상황을 부추기고 있다. 사람들의 정보력과 의사표현력이 예전보다 발전했기 때문이다.

가상 시나리오 2040

민주주의의 부흥

미국과 동맹국이 주도하는 개방 민주주의가 전 세계에서 부활하고 있다. 미국을 비롯한 민주사회에서 민관협력으로 육성한 기술이 급속도로 발전함에 따라 글로벌 경제가 변모하고 소득이 증가하며, 전 세계 수백만의 삶의 질이 개선되고 있다. 반면, 수년간 통제와 감시를 강화해온 중국과 러시아는 혁신을 억압해 왔다.

환경

기후변화로 인간의 안전과 국가안보를 둘러싼 위기감이 고조됨에 따라 국가는 어려운 결단과 절충안을 두고 고민할 것이다. 이러한 부담이 편중되면 경쟁이 과열되고 정국불안과 군사적 긴장으로 이어져 정치운동이 탄력을 받을 것이다.

경제

국가의 부채는 증가하고 무역환경은 세분화되고 서비스 무역은 전 세계에 확산되어 신규 고용은 경색되고 유력한 기업은 계속 부상함에 따라 국내 및 국가들 사이에서 이를 반영하는 분위기가 조성될 것이다. 때문에 대형 플랫폼인 전자상거래 법인을 중심으로 계획·규제에 대한 요구가 거세질 전망이다.

국가

각 정부는 경제적인 제약을 비롯하여 인구·환경과 국민의 권한 신장 등의 각종 이슈로 부담이 가중될 것이다. 대중의 요구와, 정부가 감당할 수 있는 역량 사이의 격차가 벌어져 갈등이 고조되고 정국이 불안해지므로 민주주의가 위기를 맞이할 것이다. 아울러 거버넌스의 원동력과 모델이 달라질지도 모른다.

표류하는 세계

국제사회는 규정·제도가 대부분 외면당하고 있기 때문에 뚜렷한 방향이 없고 혼란과 불안이 만연해 있다. OECD 국가들은 경제성장이 둔화되고 사회가 분열하며 정치가 마비되어 골머리를 앓고 있다. 중국은 이러한 서방세계의 문제를 이용해 국제적 영향력을 확대하고 있다. 글로벌 과제는 여전히 산적해 있다.

공생경쟁

미국과 중국은 경제성장을 우선시하며 건실한 교역관계를 회복했다. 하지만 경제적 공생관계란 본디 정치적 영향력뿐 아니라 거버넌스(지배구조) 모델과 기술 및 전략적 우위를 둘러싼 경쟁이 뒤따르게 마련이다. 물론 전쟁이 벌어질 성싶진 않다. 글로벌 과제도 국제협력과 기술혁신으로 어느 정도는 대처가 가능할 것이다.

기술

기술 발전의 속도와 전파 범위가 증가하여 인간의 경험과 역량이 달라지는 반면 전 세계의 주역들은 모두 갈등과 혼란을 겪을 것이다. 이때 전 세계는 기술 패권의 핵심 요소를 두고 경쟁이 치열해질 터인데 (핵심 요소는) 스핀오프 기술과 애플리케이션으로 신속한 도입이 가능할 것이다.

국제사회

국제사회의 패권은 좀더 폭넓은 주역들을 포함하는 방향으로 발전하기 때문에 모든 지역 및 영역을 장악할 단일 국가는 없을 것으로 보인다. 미국과 중국은 글로벌 무대에서 가장 강력한 영향력을 행사하고 다른 주역들에 달갑지 않은 선택을 강요, 글로벌 규범과 규정 및 제도를 두고 경쟁을 부추기는가하면 국가간 분쟁에도 불을 지필 것이다.

분리된 사일로

세계는 규모와 세력이 서로 다른 경제·안보 블록으로 나뉘어 있고, 미국과 중국, EU, 러시아 및 소수 지역 강국에 집중되어 있으며, 자급과 회복 및 방위에 주안점을 두고 있다. 정보는 독립된 사이버 영역 내에서 이동하고 공급망은 재설정되었으며 국제무역은 경색된 상황이다. 중간에는 취약한 개발도상국들이 끼어있다.

비극과 동원

EU와 중국이—비정부기구 및 다자간 기구와의 공조로—주도하는 글로벌 연합은 기후변화와 환경오염으로 촉발된 범세계적인 식량난 이후, 기후변화와 자원고갈 및 빈곤에 대응하기 위해 광범위한 변화를 추진하고 있다. 선진국은 전방위적인 대외원조 프로그램과 첨단 에너지 기술의 이전을 통해 중·후진국이 위기를 극복하고 저탄소 국가로 이행할 수 있도록 지원하는 쪽으로 정책을 바꾼다.

THE NATIONAL INTELLIGENCE COUNCIL

Executive Summary

개요

GLOBAL TRENDS 2040

A MORE CONTESTED WORLD

▎경계를 세우는 구조적인 변수

인구와 복지, 환경, 경제 및 기술의 동향은 기반을 닦고 미래의 경계를 세운다. 일부 지역에서는 기후가 변하고 인구가 도시에 집중되는가 하면 신기술이 출현하는 등, 이러한 동향이 점차 뚜렷하게 나타나고 있다. 반면 다른 영역의 트렌드는 좀더 불확실한 편이다(복지와 경제성장의 속도는 둔화되고 일부 지역에서는 오히려 퇴보할 수도 있다. 물론 여러 변수가 복합적으로 작용하면 미래의 경로가 바뀔 수도 있겠지만). 이러한 트렌드가 융합하면 혁신을 이룩할 기회가 되기도 하지만 일부 지역사회 및 국가는 이에 대처하고 적응하는 데 안간힘을 써야 할 것이다. 첨단기술 같이 명백한 발전조차도 사람들의 삶과 생활에 지장을 초래해 불안감을 조성하고 적응을 강요할 것이다.

향후 20년간 겪게 될 가장 확실한 트렌드는 단연 '인구'변동일 것이다. 전 세계의 인구 증가 속도가 둔화되고 고령화가 빠르게 진행되고 있기 때문이다. 예컨대, 유럽과 동아시아 내의 몇몇 선진국과 신흥국들은 고령화의 속도가 증가하고 인구가 감소해 경제성장에 타격을 입을 것이다. 반면 남미와 남아시아, 중동 및 북아프리카의 일부 개도국은 노동연령 인구로부터 실리를 얻게 되고 인프라와 기술이 동반성장한다면 인구배당효과(demographic dividend, 총인구에서 경제활동 인구가 늘면 경제성장률이 높아지는 효과―옮긴이)의 기회가 찾아올 것이다. 의료서비스와 교육 및 가정의 복리를 아우르는 '복지human development'는 지난 수년간 모든 지역에서 획기적인 성장을 이룩해 왔다. 수많은 국가들은 지속적인 성장을 구가하기 위해 노력할 것이다. 과거의 성장이 의료서비스와 교육 및 빈곤 퇴치의 기반에 중점을 두었다면, 녹록치 않은 앞으로의 성장은 코로나19와 글로벌 경제의 둔화, 고령화 및 분쟁과 기후의 여파로 역풍을 맞고 있다. 이러한 변수는―21세기 도시에서 증가일로에 있는―중산층의 생산성을 향상시키는 데 필요한 교육서비스와 인프라를 제공하려는 정부의 시험대가 될 것이다. 이때 어떤 국가는 위기를 극복하고 어떤 국가는 도태되는 가운데 인구 트렌드의 추이는 향후 20년간 국내외에서 경제적 기회의 불균형을 초래하여 이민에 대한 심리적 압박을 가중시키고 논쟁을 부추길 것이다.

'환경' 이슈 중 기후변화의 물리적 체감효과는 향후 20년에 걸쳐(특히 2030년대) 더욱 심화될 것으로 보인다. 극심한 폭풍과 가뭄과 홍수가 발생하고 빙하와 만년설이 녹아 해수면이 높아지면 기온은 더 상승할 것이다. 이러한 여파가 편중된 개도국과 빈곤 지역은 설상가상으로 환경오염까지 맞물려 국력은 더 약화되고 경제적 번영과 식량, 수자원, 의료 및 에너지 안보 위기를 더욱 부채질할 것이다. 이때 정부와 사회 및 민간부문은 위기에 대처하기 위해 적응·회복 조치를 확대 실시할 공산이 크나, 두루 미치지 못해 일부 국민은 소외될 것이다. 아울러 온실가스 제로(0)에 대한 방안과 속도를 두고도 논쟁이 격화될 것이다.

앞으로 20년간 글로벌 경제 트렌드는—국가의 부채는 증가하고 무역환경은 세분화되고 서비스 무역은 전 세계에 확산되고 신규 고용은 경색되는 등—국내 및 국가들 사이에서 이상 증세를 일으킬 것으로 보인다. 수많은 정부들은 감당해야 할 채무 부담과 다양한 무역 규정, 그리고 막강한 영향력을 행사하는 국가·기업 탓에 융통성을 발휘하지 못했다는 사실을 깨닫게 될 것이다. 한편 대형 플랫폼 기업들은—다수의 판매·구매자를 확보한 온라인 마켓을 제공하며—무역 세계화에 박차를 가하는가 하면 규모가 비교적 작은 기업들이 국제시장에 접근하고 성장할 수 있도록 힘을 보탤 전망이다. 유력한 기업은 정치·사회 무대에서 영향력을 행사하려들 것인데 그러면 정부가 규제의 칼을 빼들지도 모른다. 아시아 경제는 속도는 더디더라도 지속적인 성장을 구가할 태세로 2030년을 넘길 듯하다. 아시아가 미국과 유럽을 비롯한 선진국의 1인당 GDP(국내총생산)나 경제적 영향력을 따라잡을 것 같진 않다. 주된 변수는 단연 '생산성'이다. 생산성이 향상되면 경제나 복지 등의 부담을 경감시킬 수 있을 것이다.

'기술'이 발전하면 기후변화와 질병 등의 문제는 완화시키는 동시에 실직과 같은 문제를 불러일으킬 가능성이 있다. 기술이 전 세계에서 발명·활용되고 보급·폐기되는 속도가 날로 증가함에 따라 또 다른 혁신의 중심지가 떠오르고 있다. 향후 20년은 기술이 발전하는 속도와 전파 범위가 급속도로 확대되어 인간의 삶과 역량이 두루 변모하겠지만 사회와 산업과 국가 내외에서는 긴장과 혼란이 고조될 전망이다. 국가와 비국가적 주체는 과학과 기술의 리더십과 주도권을 확보하기 위해 경쟁을 벌이며 이때 경제·군사·사회 안보의 위기와 그 여파는 끊이지 않을 것이다.

▎떠오르는 변수

앞서 밝힌 구조적인 변수는 다른 변수와 함께 사회와 국가 및 국제사회에서 서로 얽히고설키며 지역사회와 기구, 기업 및 정부에 기회와 난제를 동시에 안겨줄 것이다. 이처럼 구조적인 변수가 작용하면 각계각층(지역사회와 국가 및 국제사회 등)에서는 냉전 이후보다 더 치열한 경쟁이 벌어질 공산이 크다. 당국을 조직해 현안을 처리하는 과정에서 이념과 견해가 서로 충돌하기 때문이다.

'사회' 내에서는 경제와 문화 및 정치적 이슈를 두고 분열과 논쟁이 격화되고 있다. 모든 지역민이 수십 년간 번영과 복지의 혜택을 누리며 개선된 삶을 향유해온 터라 미래에 대한 기대감도 한층 높아졌다. 이 같은 트렌드가 지속되고 사회·기술이 급속도로 변모함에 따라 전 세계 인구 그룹 중 상당수는 요구를 처리할 의지와 능력이 없어 보이는 정부와 기구를 불신하고 있다. 사람들은 민족과 종교, 문화적 정체성뿐 아니라, 환경론 같은 명분과 이해관계에 따른 집단, 혹은 지역사회와 안보를 두고 생각이 같은 그룹에 끌리게 마련이다. 최근 부각된 정체성과 고립된 정보환경은 지역사회 및 국가의 균열을 조장하고 (진보적) 민족주의를 저해하여 일촉즉발의 상황을 부추기고 있다.

'국가' 차원에서 각 지역의 사회와 정부는 만성적인 부담과 갈등에 직면할 가능성이 높다. 대중의 요구 및 기대와, 정부가 감당할 수 있는 역량과 의지가 서로 일치하지 않기 때문이다. 세계 각지의 국민들은 선호하는 사회·정치적 목표를 선전하고 정부에 해결방안을 촉구할 수단과 역량과 동기를 겸비하고 있는 추세다. 국민들은 점차 권한이 신장되고 그만큼 요구도 잦아져 각 정부는 이러한 당면 과제와 제한된 자원으로 상당한 압박을 받을 것이다. 이를 기화로 정국이 불안해지고 민주주의가 잠식되면 거버넌스(지배구조)를 둘러싼 대안세력의 역할이 증대될 전망이다. 이러한 변수는 훗날 거버넌스 방식이 급변할 수 있도록 길을 터줄 것이다.

한편 '국제사회'에서는 모든 지역과 영역을 장악할 수 있는 단일 국가는 없으며 각계각층의 주역들이 국제사회를 형성하고 구체적인 목표를 성취하기 위해 서로 경합을 벌일 것으로 보인다. 군사력과 인구, 경제성장, 환경 및 기술의 변화가 촉진되고 거버넌스 모델에 대한 분열이 공고해짐에 따라 미국이 주도하는 서방 연합과 중국의 경쟁이 더욱 가열될 공산이 크다. 라이벌 국가들은 글로벌 규범과 규정 및 제도를 세우기 위해 경쟁을 벌이는 반면, 각 지역의 강국과 비국가적 세력은 영향력을 발휘하며, 주요 강대국은 관심을 두지 않는 이슈를 선도할 것이다. 이처럼 서로 영향을 주고받는 다양한 행동으로 지정학적 환경의 분쟁 가능성은 더 높아지고 글로벌 다자주의는 무색해지며, 초국가적 이슈와 이에 대응할 제도적 합의는 서로 엇박자를 낼 것이다.

▌가상 시나리오_2040년

앞서 밝힌 주요 변수와 새로운 변수에 인간이 어떻게 대응하느냐에 따라 향후 20년간의 발전 방향이 결정될 것이다. 미래에 대한 불확실한 가정을 두고는 특정 지역 및 국내 상황과, 국민과 지도자의 정책 결정—글로벌 환경을 조성할—을 다룬 세 가지 문제를 제시했다. 우리는 이를 토대로 2040년의 세계를 그린 시나리오 다섯 편을 집필했다.

- 앞으로 마주하게 될 글로벌 과제는 얼마나 심각한가?
- 국가 및 비국가 세력은 무엇에 주안점을 두고 어떻게 가담하는가?
- 미래를 위해 국가가 최우선으로 생각하는 것은 무엇인가?

'민주주의의 부흥'에서는 미국과 동맹국이 주도하는 개방 민주주의가 전 세계에서 부활하고 있다. 미국을 비롯한 민주사회에서 민관협력으로 육성한 기술이 급속도로 발전함에 따라 글로벌 경제가 변모하고 소득이 증가하며, 전 세계 수백만의 삶의 질이 개선되고 있다. 경제성장과 기술혁신이 부상하자 글로벌 이슈에 대처할 수 있게 되고 사회적 분열이 완화되면서 민주주의 제도에 대한 국민의 신뢰도 회복된다. 반면, 수년간 통제와 감시를 강화해온 중국과 러시아는 혁신을 억압해온 탓에 주요 과학자와 기업가들이 미국과 유럽에 망명을 요청해 왔다.

'표류하는 세계'에서 국제사회는 강대국(이를테면 중국)과 지역 및 비국가 세력이 규정과 제도를 대부분 외면하고 있어 뚜렷한 방향이 없고 혼란과 불안이 만연해 있다. OECD 국가들은 경제성장이 둔화되고 사회가 분열하며 정치가 마비되어 골머리를 앓고 있는데 이때 중국은 이러한 서방세계의 문제를 기화로 (특히 아시아에서) 국제적인 영향력을 확대하고 있다. 하지만 중국 정부는 글로벌 리더십에 대한 의지와 군사력이 부족한지라 기후변화를 비롯하여 개도국의 불안정한 정세 등의 글로벌 과제를 대부분 방관하고 있다.

'공생경쟁'에서 미국과 중국은 경제성장을 우선시하며 건실한 교역관계를 회복했다. 하지만 경제적 공생관계란 본디 정치적 영향력뿐 아니라 거버넌스 모델과 기술 및 전략적 우위를 둘러싼 경쟁이 뒤따르게 마련이다. 물론 전쟁이 벌어질 성싶진 않다. 글로벌 과제도 선진국에서는 국제협력과 기술혁신으로 어느 정도는 대처가 가능할 것이다. 하지만 장기적인 기후변화 문제는 여전히 답보 상태다.

'분리된 사일로'에서 세계는 규모와 세력이 서로 다른 경제·안보 블록으로 나뉘어 있고, 미국과 중국, EU, 러시아 및 소수 지역 강국에 집중되어 있으며, 자급과 회복 및 방위에 주안점을 두고 있다. 정보는 독립된 사이버 영역 내에서 이동하고 공급망은 재설정되었으며 국제무역은 경색된 상황이다. 중간에는 취약한 개발도상국들이 끼어있는데 일부는 국가의 기능을 상실하기 직전이다. 기후변화를 비롯한 글로벌 과제는 간간이 다루었을 뿐이다.

'비극과 동원'에서는 EU와 중국이—비정부기구NGO 및 다자간 기구와의 공조로—주도하는 글로벌 연합은 기후변화와 환경오염으로 촉발된 범세계적인 식량난 이후, 기후변화와 자원고갈 및 빈곤에 대응하기 위해 광범위한 변화를 추진하고 있다. 선진국은 전방위적인 대외원조 프로그램과 첨단 에너지 기술의 이전을 통해 중·후진국이 위기를 극복하고 저탄소 국가로 이행할 수 있도록 지원하는 쪽으로 정책을 바꾼다. 지구촌이 감당해야 할 문제가 얼마나 급속도로 확산되고 있는지 깨달았기 때문이다.

코로나19 사태_불확실성의 외연 확장

2020년, 전 세계에 출현한 코로나19 팬데믹은 지구촌을 강타하여 무려 250만 명의 목숨을 앗아갔고(2021년 초 기준) 가정과 지역사회를 도탄에 빠뜨렸으며 국내외 정치·경제의 걸림돌이 되었다. 4년 전에 발행한 글로벌 트렌드 보고서에서는 미증유의 질병을 예측하고 팬데믹에 대한 가상 시나리오를 구상하긴 했으나 위력의 정도와 범위를 충분히 구현해내진 못했다. 코로나19로 회복과 적응을 둘러싼 가설은 송두리째 무너졌고 경제와 지배구조(거버넌스), 지정학 및 기술의 불확실성은 더 농후해졌다.

국가정보위는 코로나 사태의 파급력을 이해·분석하기 위해 주요 트렌드와 관련된 가설과 분석결과를 폭넓게 연구·토론해 왔다. 이 과정에서 제기한 의문은 이렇다. 팬데믹을 기화로 지속될 트렌드는 무엇이며, 가속이 붙거나 속도가 둔화될 트렌드는 무엇인가? 근본적이고도 전반적인 변화를 겪게 될 시점은 언제인가? 팬데믹은 조만간 종식될 것인가, 아니면 미래를 바꿀 새로운 원동력을 창출해낼 것인가? 2001년 9월 11일 테러 공격의 여파처럼 코로나19도 몇 년 후까지 체감할 법한 변화를 불러일으킬 것이고, 일상과 업무 방식 및 국내외 정치까지도 바꿀 공산이 크다. 물론 정도를 가늠하긴 어려울 것이다.

가속이 붙은 트렌드

팬데믹과 이에 따른 국가의 대응이 대유행 전부터 지속되어온 몇몇 트렌드에는 박차를 가하고 있는 듯하다. 예컨대, 지구촌의 보건 및 의료 관련 이슈가 부각되었고 사회적 분열이 드러나거나 때로는 심화되었으며 의료 접근성 및 인프라의 격차가 크게 벌어지기도 했으니 말이다. 또한 코로나 외의 질병은 퇴치하기가 더 어려워졌다. 팬데믹은 의료 대란 앞에서는 국제적 협력이 무색하다는 사실과 아울러, 기존 제도와 기금 수준 및 향후 의료 문제가 서로 엇박자를 내고 있다는 점을 분명히 보여주었다.

경제 트렌드 촉진

격리수용과 제재 및 국경 봉쇄로 기존의 경제 트렌드 일부가 가속화되었다. 이를테면, 글로벌 공급망의 다각화를 비롯하여, 국가의 부채가 증가하고 정부가 경제에 좀더 개입하게 되었다는 것이다. 이러한 트렌드가 지속된다면 팬데믹 사태에서 비롯된 변화는 세계화의 특징으로 꼽히는 한편, (특히 개발도상국의) 부채는 국가의 역량에 부담으로 작용할 것이다.

민족주의 및 양극화

민족주의(특히 배타적 민족주의)와 양극화는 수많은 국가에서 증가해 왔다. 민족주의 추세는 바이러스를 퇴치·억제하는 과정에서 더욱 뚜렷해졌다. 예컨대, 몇몇 국가는 자국의 시민은 보호하는 반면 소수민족은 이따금씩 비난의 대상이 되곤 했다. 팬데믹의 여파로 당파근성이나 양극화가 심화된 국가도 적지 않다. 최선의 대응을 두고 갑론을박을 벌이는 과정에서 바이러스 확산과 늑장대응에 책임을 물을 희생양을 찾기 때문이다.

고조된 불평등

코로나19의 경제적 여파가 저소득층에 쏠리면서 그들의 소득은 더욱 뒤처지고 있다. 코로나19 사태가 종식된다손 치더라도 서비스업 혹은 비정규직에 종사하거나, 환자를 돌보기 위해 일선에서 물러난 인력—여성이 대부분이다—은 추후에도 경제적인 타격을 입을 공산이 크다. 팬데믹으로 국내 및 국가간의 디지털 격차는 눈에 띄게 부각되었다. 인터넷 접속 개선에 박차를 가했기 때문이다.

가중된 거버넌스 부담

팬데믹은 정부의 국정에 부담을 주고 있으며, 이미 낮은 기관의 신뢰도를 더욱 실추시키고 있다. 효과적인 대응책을 마련하지 못한 탓이다. 또한 팬데믹은 보건당국—특히 정보가 공개되는 사회—에 대한 대중의 신뢰를 떨어뜨리고 있는 정보환경의 혼란과 양극화를 부추기고 있다. 한편 일부 반자유주의 정권은 반체제인사를 소탕하고 시민의 자유를 제한하기 위해 팬데믹을 악용하고 있으며 이러한 상황은 코로나19 이후에도 계속될 것이다.

국제협력 결렬

코로나19 사태로 국제기구(세계보건기구WHO와 유엔 등)의 취약성과 정치적 분열이 가시화됨에 따라 감염병 외의 보편적인 문제—이를테면 기후변화—를 해결하는 데 필요한 각국의 역량과 다자간 협력의 의지에 의문이 제기되었다. 극심한 자금난과 의무감시체제의 저항에 부딪친 세계보건기구는 향후 20년간 심각한 타격을 입을 것으로 보인다. 그럼에도 각국은 개혁을 실시하고 데이터 수집·공유를 표준화하며 민간·공공 파트너십을 구축할 것이다.

비국가적 주역의 역할 증대

게이츠 재단과 민간기업을 아우르는 비국가적 주체는 백신을 연구하거나, 의약품과 개인보호장구(personal protective equipment, 감염 예방을 위하여 주로 의료종사자가 착용하는 장갑, 마스크, 가운, 캡, 앞치마, 고글 등의 보호장비를 말한다—옮긴이)의 대량생산설비를 개량하는 데 중차대한 역할을 해 왔다. 비국가 네트워크는 보건 상의 위기가 닥칠 때마다 국가 및 정부간 활동—조기경보 및 치료를 비롯하여 데이터공유 및 백신개발 등—을 보완할 것이다.

둔화되거나 뒤집힌 트렌드

코로나19는 장기적으로 지속된 트렌드의 속도를 늦추거나 이를 후퇴시키고 있다. 특히 빈곤·질병 퇴치와 양성평등의 격차 해소가 이에 해당된다. 이를테면, 아프리카와 라틴아메리카 및 남아시아에 두루 만연해 있는 빈곤은 최장기간 후퇴해 왔고 둘째는 성평등 감소를 꼽는다. 코로나19 및 사회적 제약과 전쟁을 치르느라 자금과 자원·인력을 모두 소비하다보면 말라리아나 홍역이나 소아마비 혹은 기타 전염성 질환과 싸워온 수년간의 발전상이 퇴보할 수도 있다는 것이다.

또한 코로나19는 과거의 사태와는 사뭇 다른 양상으로 각 지역을 연합시킬 것이다. 사태 초기에는 유럽 국가들이 국경을 봉쇄하고 주요 의약품의 수출을 막았으나 유럽연합은 유럽의 통합을 강화할 수 있는 지원대책과 기타 대응조치를 강구했다. 코로나19로 일부 국가는—당장은 아니더라도 근일에는—국방과 대외원조 및 인프라 구축에 투입할 자금을 팬데믹에 대처하는 데 보탤 것이다.

의문이 더 많은 시대

예상치 못한 코로나19의 2·3차 대유행으로 우리는—장기든 단기든, 어느 모로 보나—불투명한 미래를 실감했다. 연구·분석 팀으로서 우리는 촉각을 곤두세우고 더욱 합리적인 의문을 제기하며 가설을 꼼꼼히 점검할 뿐 아니라, 혹시라도 선입견은 없었는지 확인하고 변동의 신호는 미미하더라도 놓쳐선 안 될 것이다. 연구팀은 뜻밖의 사건까지도 예상하고, 팬데믹 사태에서 배운 식견을 기술에 적용해야 한다.

차례

PART 1 구조적인 변수

PART 2 떠오르는 변수

PART 3 가상 시나리오 2040

THE NATIONAL INTELLIGENCE COUNCIL

PART 1

GLOBAL 2040
TRENDS

A MORE CONTESTED WORLD

경계를 세우는 구조적인 변수

인구와 환경, 경제 및 기술의 발전은 앞으로 수십 년을 살게 될 세계의 윤곽을 나타낼 것이다. 이러한 구조적인 변수는—개인이든 집단이든—각 지역의 개인뿐 아니라 지역사회와 정부가 삶을 영위하고 생업에 종사하며 번영하는 법을 개선할 수 있도록 유익과 기회를 제공할 것이다. 그러나 이러한 트렌드에 속도가 붙고 서로 얽히다 보면 경험하지 못했거나 좀더 심각한 문제가 불거져 사회와 정부가 관리·적응하는 데 부담을 느낄 것이다.

복지 부문이 지난 수십 년간 비약적인 성과를 이뤄낸 이후 수많은 국가들이 지속적인 성장을 구가하기 위해 안간힘을 쓸 것이다. 교육과 의료서비스는 기초 수준을 뛰어넘기가 쉽지 않기 때문인데 인구는 많지만 자원이 빠듯하다면 더욱더 그럴 것이다. 또한 전보다 극심해진 기상이변과 기온상승, 강수패턴의 변화와 해수면 상승의 문제는 모든 국가가 체감하겠지만 피해는 개발도상국과 빈곤국에 편중될 것으로 보인다. 기술이 발전하는 속도와 전파 범위는 향후 20년간 급속도로 확대되어 인간의 삶과 역량을 증진시키고 가속·변화시키겠으나 사회와 산업

● **인구 및 복지**

● **환경**

● **경제**

● **기술**

과 국가 내외에서는 긴장과 혼란이 고조
될 전망이다.

증가하는 국가부채를 비롯하여 경색된
고용시장과 복잡하게 세분화된 무역환경,
유력한 기업의 부상 등, 글로벌 경제 트렌
드 중 일부는 국내 및 국가들 사이에서 이
상 증세를 일으킬 것이다.

이 같은 구조적 변수는 예상과 달리 일
부 국가에는 위기를 극복하고 호황을 누릴 기회가 되는 반면, 일부는
불리한 트렌드가 몰려 고전할 것이다. 세계 인구의 변화는 국내 및 국
가들 사이에서 정치·경제적 기회의 불균형을 심화시키고 거버넌스에 부
담을 주어 향후 20년 동안 인구 이동을 부채질 할 공산이 크다(때문에
각국이 서로 마찰을 일으킬 것이다). 국가 및 경쟁관계에 있는 비국가적
세력들은 과학 및 기술의 패권을 장악하기 위해 경합을 벌일 것이다. 경
제·군사·외교 및 사회 안보 면에서 엄청난 위기와 후폭풍이 예상된다.
수많은 정부들은 감당해야 할 채무 부담과 다양한 무역 규정, 그리고
막강한 영향력을 행사하는 국가·기업 탓에 융통성을 발휘하지 못했다
는 사실을 깨닫게 될 것이다. 한편 아시아 경제는 지속적인 성장을 구
가할 태세로 2030년을 넘길 듯하며 경제 및 인구의 규모를 내세워 국제
제도와 규정에 영향력을 행사할 것이다.

▌구조적인 변수

인구 및 복지

핵심 포인트

- 세계 인구의 증가 속도가 둔화되고 중위연령이 증가하는 것이 일부 개발도상 국에는 희소식이겠지만 일부 선진국과 중국은 급속한 고령화와 인구 감소로 경제성장에 걸림돌이 될 것이다.

- 사하라이남 아프리카와 남아시아에서 상대적으로 빈곤한 국가들은 향후 20년 동안 증가하는 (세계) 총인구 중 거의 대부분을 차지하는 동시에 도시화도 급 속도로 진행될 것이다. 그런 탓에 경제성장의 잠재력을 십분 활용하는 데 필 요한 사회간접자본(인프라)과 교육 시스템을 확보하기는 버거울 것으로 보인다.

- 앞으로 20년간 인구 변동 및 경제적 동기economic incentives로 개도국을 벗어 나려는 심리적 압박은 거세질 전망이다. 대개는 사하라이남 아프리카에서 고 령화가 진행 중인 선진국으로 이동할 것이다. 아울러 분쟁과 기후붕괴climate disruptions도 널리 이민을 부추길 것이다.

- 이러한 인구 및 복지 트렌드로 정부는 공공투자를 늘리고 이민을 통제해야 한 다는 압박을 받아 일부 국가에서는 정국이 불안정해질 수도 있다. 일부 국가 는 정국이 불안정해지겠지만 아시아는 더 부상할 것이며, 이미 분위기가 냉랭 한 국제개발기구의 아젠다에 인구와 복지 이슈가 추가될 것이다.

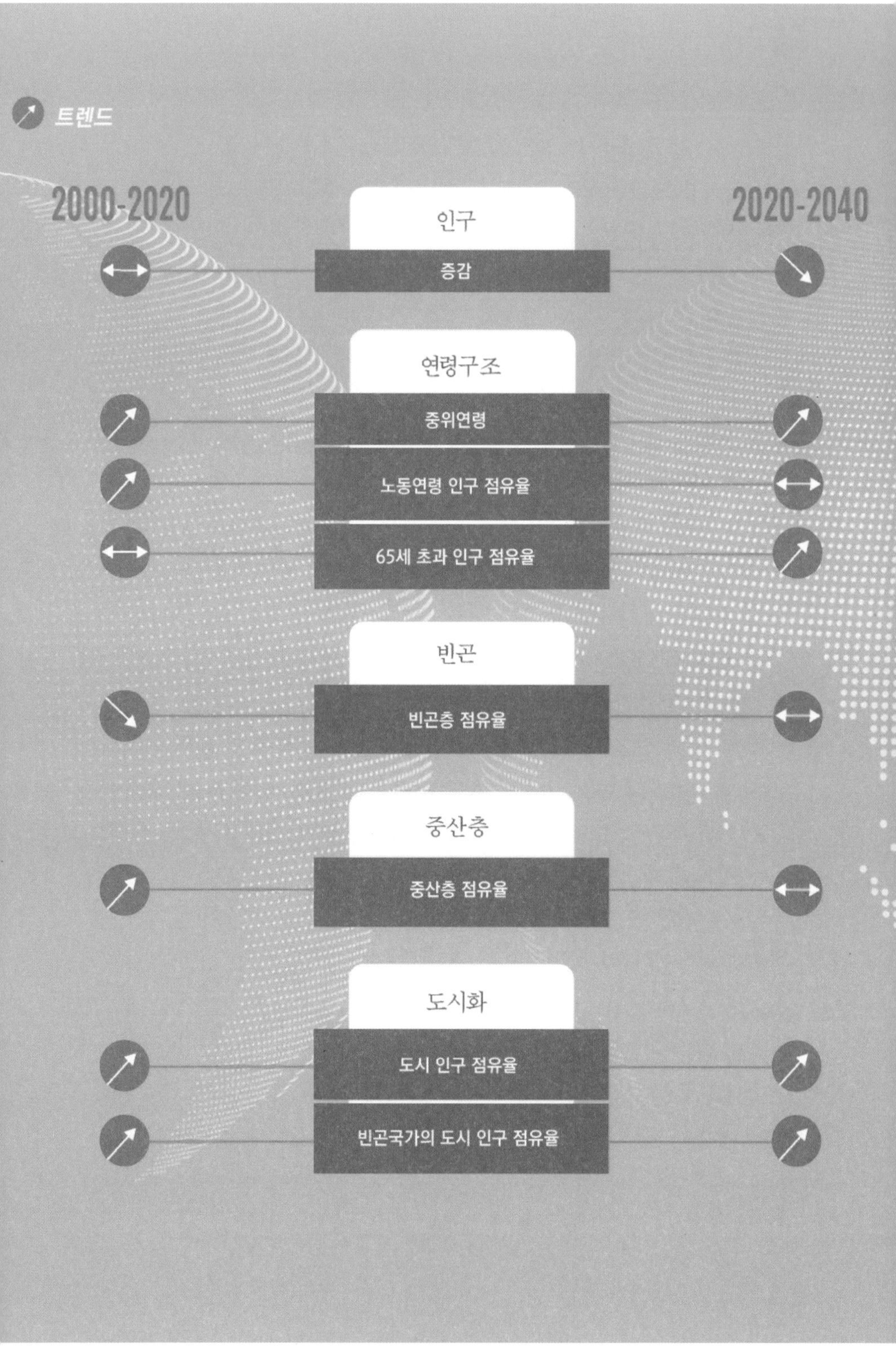

2000-2020   **2020-2040**

인구

증감

연령구조

중위연령

노동연령 인구 점유율

65세 초과 인구 점유율

빈곤

빈곤층 점유율

중산층

중산층 점유율

도시화

도시 인구 점유율

빈곤국가의 도시 인구 점유율

"

출산율이 감소하고 중위연령이 증가함에
따라 선진국 대다수와 수많은 신흥국의
인구는 2040년경이 되면 정점을 찍은 후
감소하기 시작할 것이다.

인구_더디게 증가하며 고령화 사회로

향후 20년간 세계 인구는 매년 지속적으로 증가해 2040년께는 약 14억 명이 늘어나 92억여 명에 이를 것으로 예상되나 증가하는 속도는 더딜 전망이다. 아시아는 대부분 증가율이 급감하다 2040년이 지나면 인구는 감소하기 시작할 것이다. 인도 또한 속도는 더디지만 2027년께는 중국을 추월하며 전 세계를 통틀어 인구가 가장 많은 나라가 될 것으로 보인다. 출산율이 감소하고 중위연령이 증가함에 따라 선진국 대다수와 소수의 신흥국의 인구는 2040년경이 되면 정점을 찍은 후 감소하기 시작할 것이다(이를테면, 중국과 일본, 시아 및 수많은 유럽 국가들). 반면 사하라이남 아프리카는 증가한 세계 인구 중 2/3를 차지할 터인데 이런 추세라면 2050년에는 현재 인구의 2배에 육박하며 인프라와 교육 및 의료서비스에 대한 부담이 상당할 것으로 예상된다.

노화_기회인 동시에 부담도 크다

출산율은 떨어지고 수명은 늘다보니 세계 인구의 중위연령은 2020년에는 31세였다가 2040년께는 35세로 증가할 것이다. 중간소득 국가에서는 출산율이 감소하고 수명은 늘기 때문에 노동연령 인구의 점유율이 증가하고 좀더 많은 여성이 노동에 참여하고 노년층과 연결된 사회안전 망이 강화된다면 복지는 개선할 수 있을 것으로 보인다. 그러나 연령분포가 바뀌면 일부 정부는 난관에 봉착할 것이다. 즉, 소득이 증가하기 전에 이미 고령화가 진행되고 있는 개발도상국(중국과 동유럽 등)과 청년층이 급증하는 가난한 나라들(인프라를 충분히 건설하기 위해 안간힘을 쓸 것이다)을 두고 하는 말이다.

노령 인구

노년부양비old-age dependency ratio—노년부양비란 노동연령 인구에 대한 고령(65세 이상)인구의 비율을 말한다—가 증가하면 자동화와 이민 확대 같은 적응 전략을 구사하더라도 성장에는 부담이 될 수 있다. 수많은 선진국을 비롯하여 고령화 사회에 진입한 국가들 중, 65세를 초과한 연령집단은 2040년까지 총인구의 25퍼센트에 육박할 것으로 보인다(2010년에는 15퍼센트였다). 일본과 한국은 각각 48세와 44세인 중위연령이 2040년께는 53세를 초과할 것이다. 유럽도 예상 중위연령 평균이 47세로 격차가 크진 않으며 그리스와 이탈리아 및 스페인 또한 고령화가 급속도로 진행될 가능성이 높다. 이들은 고령 노동인구의 생산성이 하락하고 국민소득 중 연금과 의료보험으로 전용되는 비중이 높아지는 탓에 향후 수십 년은 생산성이 둔화될 것이다.

노동연령 인구

노동연령의 인구 비중이 높고 피부양자가 적은 국가라면 복지 투자가 가능한 가계 저축률이 높을 것이다. 남아시아와 라틴아메리카, 중동 및 북아프리카는 향후 20년간 비생산인구(노동연령 미만 및 은퇴 부양가족)에 비해 노동연령 인구가 상대적으로 높은 범주에 들 것이다. 남아시아는 2020년에는 인구의 66퍼센트였던 노동연령이 2040년이 되면 68퍼센트로 증가할 것이다. 아울러 라틴아메리카와 중동 및 북아프리카도 동일 기간 노동연령 인구 비율이 65퍼센트를 초과해 실익을 거둘 것으로 전망된다. 물론 경제성장의 기회는 노동자의 충분한 숙련과 취업이 가능해야 성립될 것이다. 남아시아는 고용창출과 기술도입 및 직업교육에 고전하고 있어 잠재적인 노동력을 충분히 활용하는 것이 쉽지만은 않을 전망이다.

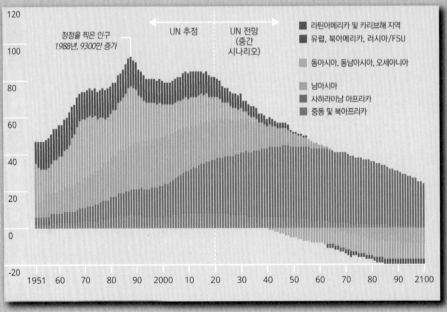

사하라이남 아프리카는 수십 년간 인구가 가장 크게 증가할 것으로 보인다

세계 인구_지역별 연간 추이, 1951~2100
100만 명(단위)

정점을 찍은 인구
1988년, 9300만 증가

UN 추정   UN 전망 (중간 시나리오)

■ 라틴아메리카 및 카리브해 지역
■ 유럽, 북아메리카, 러시아/FSU
■ 동아시아, 동남아시아, 오세아니아
■ 남아시아
■ 사하라이남 아프리카
■ 중동 및 북아프리카

출처: UN 인구부(UN Population Division)

청년 인구

청년 인구가 두터운 국가들은 대부분 향후 20년간 인구의 기본 욕구를 충족시키기 위해 고전할 것이다. 청년 인구가 폭증하면 사회가 크게 요동치기 때문이다. 사하라이남 아프리카의 중위연령은 2020년까지 22세로 소폭 상승할 것으로 보인다. 좀더 높은 수준의 복지와 관계가 깊은 중위연령 경계인 30세에는 크게 못 미치는 수치다. 2040년, 사하라이남 아프리카 인구의 약 1/3(33퍼센트)은 15세 미만일 것이다(동아시아는 15세 미만이 14퍼센트에 불과하다). 인구밀도가 높은 국가 중 2040년까지 중위연령 경계 아래에 있을 법한 국가로는 아프가니스탄과 이집트 및 파키스탄을 꼽는다.

도시화와 개발

향후 20년간 도시의 성패는 세계의 인구 점유율을 끌어올릴 수 있는 기회와 삶의 질을 결정할 것이다. 도시의 인구 점유율은 2020년 56퍼센트였다가 2040년에는 약 2/3(66퍼센트)로 증가할 것으로 예상된다(거의 대부분은 개도국에 해당될 것이다). UN의 추산에 따르면, 전 세계를 통틀어 인구 100만을 초과하는 대도시 점유율은 전체 인구 증가율의 두 배로 뛰어 2020년에는 20퍼센트였지만 2035년께는 세계 인구의 약 30퍼센트가 대도시에 거주할 것으로 보인다. 개발후진국 중 일부에서는 도시 인구가 가장 빠르게 증가할 것이다. UN 인구부UN Population Division의 전망에 따르면, 빈곤국가의 도시 인구는 2040년까지 10억 명이 증가해 25억 명을 초과할 거라고 한다. 사하라이남 아프리카와 남아시아는 빈곤국가의 도시 인구가 증가하는 데 각각 절반과 1/3 정도 기여할 것이다.

소득수준별 도시화 현황

가난한 나라의 중심지는 좀더 풍족한 국가보다 훨씬 급속히 팽창하고 있다. 1950년에는 전 세계의 도시민 중 절반 이상이 고소득 국가에 있었다면 2050년께는 약 절반이 빈곤 국가에 있을 것이다.

소득 그룹별 도시 인구 점유율, 1950~2050

(단위 %) 세계의 도시 인구 점유율

출처: UN

역사를 돌이켜 볼 때 도시화는 경제 발전의 원동력이었다. 노동자들이 도시에서 생산성이 높은 업종으로 이직하고 가족은 더 나은 교육 환경과 인프라의 혜택을 받기 때문이다. 그러나 도시화가 급속도로 진행 중인 빈곤국에서는 개발 선순환의 성과가 비교적 낮지 않을까 싶다. 수많은 개도국 정부는—민간부문과 비정부기구 NGO와 공조하더라도—교통과 공익서비스 및 교육 인프라에 필요한 자금을 조달하는 데 어려움을 겪을 것이다.

2017년 세계은행World Bank은 사하라이남 도시가 빈곤의 늪에 빠지는 경위를 연구한 적이 있다. 결론은 업무가 미숙하고 교통망이 열악한 탓에 비용은 증가하고 소득은 낮아진다는 것이다. 또한 사하라이남 도시의 출산율이 다른 개도국 보다 높아 실업난은 점차 악화될 전망이다. 고용이 창출되는 속도보다 인력 공급 속도가 더 높기 때문이다.

이러한 중·저소득 국가들은 도시화 과정에서 식량난에 봉착할 가능성도 높아 보인다. 현재는 중·상위소득 국가가 생산하는 1인당 식량의 1/3을 생산하고 있어 수많은 국가가 수입에 의존하고 있는 실정이다. 또한 식량 유통 시스템이 경색되어 가뭄이나 홍수 같은 재해에 취약한 데다 도시 가구는 자급 농업의 기회를 얻을 수도 없다. 최근 도시화가 진행 중인 지역에서는 자연재해가 상당한 인적 피해를 초래할 가능성이 높다. 해안가나 다른 취약 지역에 인구가 밀집되어 있지만 방재 인프라가—가장 중요한 것은 홍수 방지 및 내풍 주택—이를 받쳐주지 못하기 때문이다. 비상사태 데이터베이스Emergency Events Database의 통계에 따르면, 호황을 누리고 있는 동아시아와 동남아시아 및 남아시아의 중위 소득 도시와, 동·남아프리카의 저소득 도시 지역은 1인당 발생한 재난 건수가 이미 최고를 기록한 것으로 나타났다.

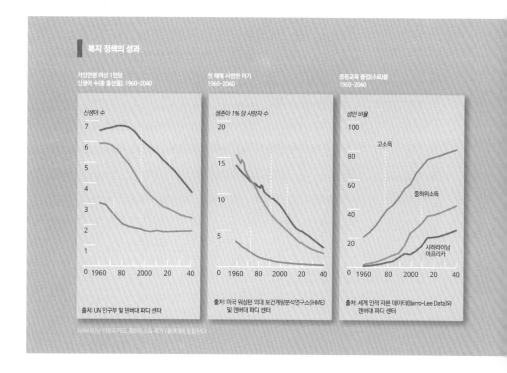

복지 정책의 성과

가임연령 여성 1인당
신생아 수(총 출산율), 1960-2040

신생아 수

7
6
5
4
3
2
1

0 1960 80 2000 20 40

출처: UN 인구부 및 덴버대 파디 센터

첫 해에 사망한 아기
1960-2040

생존아 1% 당 사망자 수

20

15

10

5

0 1960 80 2000 20 40

출처: 미국 워싱턴 의대 보건계량분석연구소(IHME)
및 덴버대 파디 센터

중등교육 졸업(수료)율
1960-2040

성인 비율

100

80

60

40

20

0 1960 80 2000 20 40

고소득

중하위소득

사하라이남
아프리카

출처: 세계 인적 자본 데이터(Barro-Lee Data)와
덴버대 파디 센터

사하라이남 아프리카도 통아시스의 국가 데이터에 포함된다.

복지 문제

다수의 국가들은 수십 년간 괄목할 만한 성과를 이룬 교육과 보건 및 빈곤 퇴치 문제를 관리하기 위해 고전할 것이다. 지난 20년간 최소 12억 명이 빈곤에서 벗어났다. 즉, 일일소득이 3.20달러—저소득 국가의 평균 빈곤선에 버금가는 수치—를 초과했다는 이야기다. 아울러 약 15억 명의 소득수준을 보면 각 지역의 경제성장 및 복지의 선순환을 통해 일일소득이 최소 10달러에 이르렀다(중산층). 의료서비스와 교육 및 양성평등이 근본적으로 개선되다 보니 1인당 소득이 증가하고 특히 저개발국가에서는 가계와 정부가 추가 개선책에 자금을 조달하는 데 필요한 재정적 역량도 동반상승했다.

그러나 일부 국가가 이룬 지속적인 성과는—특히 경제성장이 더디고 고르지 못할 수 있다는 점에서—향후 20년간 난관에 부딪칠 것 같다. 더 높은 차원의 복지 이슈로 꼽히는 중·고등 교육과 디지털 기술 교육, 네트워크로 연결된 효율적인 도시 인프라, 여성과 소수집단을 위한 기회 확대 등은 사회적 장벽을 극복하고 정치적 안정을 도모하며 정부와 민간이 공익서비스 투자를 늘려야 가능한 이야기다. 개발도상국 대다수의 복지 혜택은 우선 자급 영농에서 벗어나 임금 노동에 합류하고, 보건과 교육 및 양성평등에서 근본적인 발전을 이루는 데 주안점을 두었다. 물론 수월한 목표인지라 일찌감치 성취한 중위소득 국가에서는—이를테면, 유아 사망률이 매우 적고 거의 모든 아이가 초등 교육을 받는다—환경오염과 비전염성질환 등, 또 다른 문제가 발생하고 있다. 지난 20년간 중위소득 가구가 급속도로 확산되었다는 점을 감안해 볼 때, 각 정부는 전 세계 중산층—도시에 둥지를 틀고 네트워크에 연결된 이들은 몸집도 아주 크다—의 욕구와 기대에 부응하기 위해 안간힘을 쓸 것이다.

진보하는 여성

여성의 기초 의료 및 교육 수준은 법적 권리와 아울러 최근 수십 년간 다수의 국가에서 괄목할 만큼 진보해 왔다. 2020년 개발도상국의 출산율이 출산연령 여성 1인당 3명 미만으로 감소하고 초산 연령이 높아지자 가정 밖에서 이루어지는 교육과 취업의 기회가 늘어났다. 사하라이남 아프리카는 이런 추세에서 가장 동떨어진 지역으로 꼽는다. 즉, 최근 몇 년간 출산율은 평균 4.9명으로(2020년 기준) 감소했으나 여전히 높은 수준을 유지할 공산이 크다는 것이다. 산모 사망률은 지난 20년간 1.3 이상 감소해 왔고 남아시아의 감소세가 가장 낮은 것으로 나타났다. 개발도상국은 대부분 여학생의 교육성취도 격차를 빠르게 좁혀 왔다. 비록 사하라이남 아프리카는 여학생의 평균 교육 연수가 남학생의 81퍼센트에 불과하지만 말이다. 사하라이남과 나머지 개도국의 격차는 향후 20년간 좁혀지지 않을 것이다.

가부장제 사회인 남아시아 지역과 아랍 국가들은 가정과 직장 및 의료 분야에서 성차별이 가장 두드러지게 나타나고 있는데, 이러한 추세는 2040년까지 지속될 공산이 크다. 사실 농산물은 전 세계를 통틀어 여성이 주된 생산 주체임에도 토지 소유권을 행사할 수 없거나 이에 제약을 둔 곳이 상당히 많다. 그뿐 아니라 중동과 남아시아 및 사하라이남 아프리카의 수많은 국가에서는 여성이—교육 수준에 관계없이—남성에 예속되어 있다는 조항이 가정법family law에 명시되어 있기도 하다. 2020년 UN이 조사한 연구에 따르면, 여성은 입법부 의석의 25퍼센트를—2000년에 비해서는 갑절 수준이긴 하다—차지하고 기업 경영진도 약 25퍼센트(4분의 1)이나 대기업 최고경영자는 10퍼센트(10분의 1) 미만인 것으로 나타났다.

아동의 생존과 복지 개선

영양실조 및 유아 사망률은 지난 20년간 수많은 국가에서 급격히 감소해 왔다. 예방 가능한 전염병이 감소했다는 것이 주된 원인이긴 하나 형편이 다시금 크게 나아지진 않을 것 같다. 분쟁과 위기가 고조되고 있는 지역에서는 특히 더딜 것이다. 1960년대에는 개도국을 통틀어 13퍼센트의 아기가 출생한 해에 사망했지만 오늘날은 평균 3퍼센트 남짓 된다. 유아 사망으로 크게 고전하고 있는 지역은 사하라이남 아프리카다. 5퍼센트의 유아가 출생년도 내에 사망하며 주요 원인으로는 높은 빈곤율과 전염병 감염률을 꼽는다.

병마와의 전쟁에 대비하라

지난 수십 년간 의약품과 백신이 널리 보급되고 의술이 발달하는 등, 기초 의료 시스템의 발전으로 질병이 감소하고 건강이 개선되어 세인의 기대수명도 증가해 왔다. 그러나 향후 20년은 인구 증가와 도시화 및 항생제에 대한 내성 등으로 질병 문제가 속출하거나 확산될 것으로 보인다.

답보 상태인 감염병과의 전쟁

결핵 및 말라리아와의 전쟁은 최근 몇 년간 별 진전이 없었다. 2015~19년, 내성을 띤 결핵 발병 건수는 증가했고 말라리아는 2퍼센트 감소하는 데 그쳤다(2000년부터 2015년 이전까지는 27퍼센트 줄었다). 국제 투자가 증가하지 않은 것이 한 가지 원인으로 꼽힌다. 미래를 내다볼라치면 감염병은 장기간 지속되다가 출현과 재출현을 반복하며 개인과 지역사회를 도탄에 빠뜨릴 것이다. 신종 팬데믹도 확산될 공산이 크다. 새로운 동물 감염원뿐 아니라, 인간의 이동성과 높은 인구밀도 등, 확산을 부추길 변수가 나타날 가능성이 높아졌기 때문이다.

항생제, 점점 안 듣는다

항생제에 대한 내성은 세계 전역에서 증가하고 있는 추세다. 인간과 가축에 투여하는 항생제의 오남용이 한 가지 원인으로 꼽힌다. 내성을 띤 감염병은 매년 약 50만 명의 목숨을 앗아가고 있으며, 2020년에서 2050년까지 누적된 경제적 비용은 손실된 생산성과 높은 입원 및 치료비로 약 100조 달러에 육박할 것으로 보인다.

증가하는 비전염성 질환

비전염성 질환(이를테면, 당뇨병과 심혈관 질환, 암 및 천식 같은 만성호흡기질환 등)은 전 세계에서 주된 사망 원인으로 꼽힌다. 의료 전문가들은 2040년께는 비전염성 질환이 저소득 국가의 사망 원인 중 80퍼센트를—1990년에는 25퍼센트였다—차지할 것이라 주장했다. 높은 수명과 영양실조, 공해 및 흡연이 원인이라는 것이다. 그러나 수많은 국가의 의료기관은 이러한 변화에 대처할 만큼 설비가 넉넉한 편은 아닌지라 환자는 더 늘어날 것으로 예상된다. 아울러 장기간의 경기침체로 공공의료기관이 부담을 느끼고 해외 원조 및 민간 의료 투자 또한 감소해 사태는 악화될 전망이다.

정신도 지치고 있다? 고위험군은 청소년

정신질환 및 약물중독자는 지난 10년간 13퍼센트 증가했다. 주된 원인은 인구와 기대수명이 증가했기 때문이지만 정신질환이 청소년들에게 과하다 싶을 만큼 쏠려 있기 때문이기도 하다. 전 세계 아동·청소년 중 10~20퍼센트 사이가 정신질환을 앓고 있으며 15~19세 아이의 사망원인 중 3순위가 자살이라고 한다.

의료 전문가의 추산에 따르면, 향후 20년간 정신질환에 투입될 경제적 비용은 16조 달러를 웃돌 수 있다고 한다. 만성적인 장애와 조기 사망으로 소득과 생산성을 잃었으니 경제적 부담은 클 수밖에 없을 것이다. 한 예비 연구를 보면 각 지역에 사는 주민들은 팬데믹의 여파로 정신질환을 겪는 환자가 증가할 거라고 한다. 원인은 사회적 고립에 따른 스트레스 장애와 경제적 손실이 꼽힌다.

교육 기회의 확대

교육 성취도는 속도는 더디지만 복지를 강력히 견인하는 변수다. 교육 기회가 확대되면 평생 소득도 기대할 수 있다. 전 세계에서 초등교육을 수료한 성인의 비율은 2020년 81퍼센트를 기록했다. 이는 1960년대 이후 대다수의 지역 및 소득계층에서 급증했다는 방증이다. 물론 교육 성취도는 개발도상국마다 천양지차로 라틴아메리카와 동아시아, 태평양 및 유럽의 개발도상국은 최고 92퍼센트를, 사하라이남 아프리카는 60퍼센트로 최하위를 기록했다.

그러나 개도국의 중등교육 확대는 어려울 전망이다. 교육비도 높지만, 일부 학생들이 학업보다는 직업을 선택해 중퇴율도 비교적 높기 때문이다. 아울러 여성을 정규 교육에서 멀어지게 하는 조혼 같은 문화도 변수가 되고 있다. 역사를 돌이켜 보면, 대다수 노동자의 중등교육은 국가의 위상을 중상위권으로 격상시키는 원동력이 되어 왔다. 현재 유럽과 중앙아시아, 동아시아, 태평양 및 라틴아메리카의 개발도상국은 대부분 중등교육을 받고 있으나 사하라이남은 이수자가 1/4(25퍼센트)에 그쳤다. 사하라이남 아프리카는 결국 중등교육의 문턱을 넘지 못할 전망이다. 정부와 종교계 및 민간부문의 투자가 증가하는 인구를 따라 잡는 데 고전할 것이기 때문이다. 이때 일찌감치 학업을 포기하고 직업전선에 뛰어든 인력은 보수가 많은 업종에 필요한 기술이 부족하기 때문에 경제 성장을 기대하기도 어려울 듯싶다. 이런 면에서는 남아시아가 사하라이남 아프리카보다 더 바람직한 조짐을 보이고 있어 2040년께는 중등교육 발전의 문턱까지 이를 것으로 보인다.

약진하는 글로벌 중산층

넓은 의미의 '중산층'에 속하는 가구가 지난 20년간 급증하자 지속적인 발전에 대한 기대감이 높아지고 있다. 2020년 세계 인구의 약 36퍼센트가 연소득 4,000~40,000달러인 중산층이었는데, 이는 세계은행의 소득 데이터베이스를 근거로 따져보면 2000년보다 13퍼센트 포인트 증가한 수치다. 중산층 인구 증가율은 2000~2018년까지(최신 데이터 기준) 러시아와 터키, 태국, 브라질, 이란, 중국, 멕시코 및 베트남 순이다.

중산층은 향후 20년간 비슷한 속도로 증가하진 않을 것이며 개도국의 중산층은 증가 속도가 둔화될 전망이다. 지난 20년의 높은 1인당 소득 증가율이 재현될 가능성은 희박해 보인다. 대다수 지역에서 생산성이 감소하고 노동연령 인구의 증가세도 막을 내릴 것이기 때문이다. 글로벌 가계 소득의 추세를 보면(기본 시나리오baseline scenario를 근거로) 세계 인구의 중산층 점유율은 2040년까지 대체로 큰 변동은 없을 것으로 예상된다. 물론 결과는 사회·정치적 변수에 따라 달라질 수 있다.

동아시아와 남아시아(동아시아보다는 열등한 수준으로)는 다른 지역에 비해 1인당 국민소득이 증가함으로써 소득과 교육 및 기대수명 측면에서 선진국과의 격차를 좁힐 것으로 보인다. 해당 지역은 효율적인 교육 시스템뿐 아니라 안정적인 사회연결망social networks과 유능한 거버넌스의 혜택을 누릴 것이다. 반면 라틴아메리카의 일부 국가를 비롯한 개발도상국들은 실소득이 노동생산성을 추월하여 경기침체로 이어지는 '중진국의 함정'에 빠질 가능성이 높다. 라틴아메리카의 문제는 열악한 인프라와 교육 시스템 및 부진한 기술 도입이 일부 원인으로 꼽힌다.

상위 30개국(인구 기준)의 중산층과 가계 부채, 2000/2018

주요 개발도상국은 중산층이 지난 20년 동안 급속도로 팽창했다. 그러나 대다수의
선진국 및 개도국의 가계는 생활비가 많이 들어 부채가 증가해왔다.

상위 30개국의 중산층과 가계 부채, 2000/2018

- 2000
- 2018

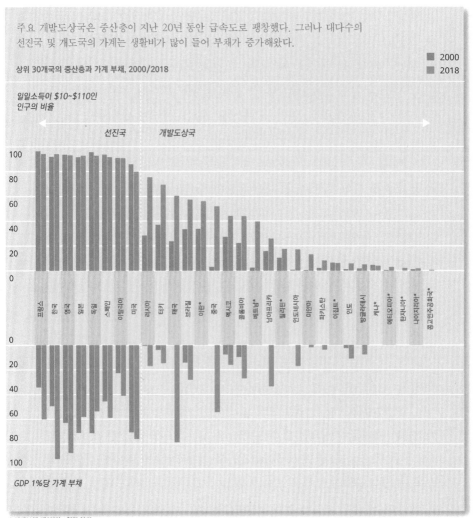

일일소득이 $10-$110인
인구의 비율

GDP 1%당 가계 부채

* 가계부채 데이터는 열람 불가
출처: 세계은행, 국제통화기금(IMF)

선진국에서는 다수의 소득이 증가하고 빈곤선 밑으로 감소하는 비중은 줄며 중산층의 폭이 좁아지고 있다. 대다수 국가를 통틀어 중산층은 주택과 의료 서비스 및 교육에 지출되는 비용이 늘어나 부담이 가중되고 있는 실정이다. 2007년과 2016년 사이, 선진국에서 빈곤선 아래로 몰락한 인구의 비율은 32개국 중 19개국(프랑스와 독일, 이탈리아 및 스페인 등)에서 증가했고 선진국 전체에서 중산층을 벗어난 인구 대다수는 소득 수준이 높아졌다. 이는 저소득 노동자와 고소득 노동자가 동시에 증가하는 '소득 양극화' 추세를 반영하는 대목이다. 고숙련 노동자high-skill workers 대다수는 기술의 혜택을 누리지만 중숙련 노동자는 자동화가 가능한 단순노동을 반복하는 탓에 임금이 줄어들거나 일자리를 잃을 것이다. 소득이 높은 전문직 종사자 일부도 인공지능artificial intelligence(AI)과 머신러닝machine learning의 도입으로 고전을 면치 못할 것이다. 최근 몇 년간 가계 부채는 선진국 전역에서 이미 급증해 왔다. 소득은 줄고 의료와 주택 및 교육에 투입되는 비용은 늘었기 때문이다.

이민_이주하는 민족

향후 20년은 인구 동향과 경제적 동기로 대규모 이동이 불가피할 전망이다. 정부의 방침이 수시로 변해 이민 규모를 확신할 수는 없지만 '밀고 당기는' 변수로 국경의 이동이 지속된다면 상대국에서는 이민을 둘러싼 논쟁이 가열되어 사회적 분열을 겪는 지역이 더러 나타날 것이다. 지난 20년간 이민은 머릿수뿐 아니라 세계 인구의 비율도 크게 증가해 왔다. 이를테면, 2020년에는 2억 7천만 명 이상이 이주한 곳에 정착한 것으로 나타났는데 이는 2000년 때보다 (전 인구의 0.5퍼센트 남짓 되는) 1억 명이 증가한 수치다. 이주민은 대부분 경제적인 비전 때문에 고향을 떠났지만 수천만은 분쟁과 범죄, 종교·사회적 탄압 및 자연재해를 피해 이민을 선택했다.

국가별 소득 불균형

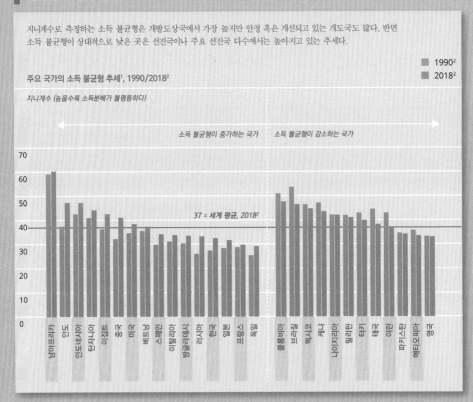

지니계수로 측정하는 소득 불균형은 개발도상국에서 가장 높지만 안정 혹은 개선되고 있는 개도국도 많다. 반면 소득 불균형이 상대적으로 낮은 곳은 선진국이나 주요 선진국 다수에서는 높아지고 있는 추세다.

주요 국가의 소득 불균형 추세[1], 1990/2018[2]

지니계수 (높을수록 소득분배가 불평등하다)

■ 1990[2]
■ 2018[2]

소득 불균형이 증가하는 국가   소득 불균형이 감소하는 국가

37 = 세계 평균, 2018[2]

[1]2020년 인구 규모가 기준. 최근 소득 불균형 추산으로 순위 집계
[2]1990, 2018 혹은 최근 데이터도 포함
출처: 표준 세계소득불균형 데이터베이스

여전한 소득 불균형

복지를 둔화시키는 변수는 만성적인 소득 불균형의 원인이 되기도 한다. 1990년과 2018년 사이, 세계적인 강국으로 손꼽히는 중국과 인도, 러시아 및 미국을 비롯한 모든 국가의 절반에서 빈부의 격차가 증가한 것으로 나타났다. 설령 소득 불균형이 감소했더라도 세계 평균치는 대부분 웃돌았다. 구조적 원인—기술이 발전함에 따라 선진화된 교육과 전문기술이 탄력을 받고 단순노동은 자동화하며 수많은 일자리 및 산업을 개도국에 아웃소싱하는가 하면 재분배에 주안점을 둔 정부 시책을 탈피하고 시장주도 방안을 지향하는 등—이 복합적으로 작용해 소득 불균형이 심화되는 것이다.

이주민들은 노동자가 대다수를 차지하므로 이동의 흐름을—중·소위 소득 국가에서 상위소득 국가로 이동—보면 국가의 임금이 서로 다르다는 사실을 분명히 알 수 있다. 2019년에 이주한 노동자는 2/3가 중위소득 국가 출신이었고 절반을 웃도는 사람들이 더 높은 연봉과 송금을 위해 고소득 국가로 이주했다. 1인당 GDP가 4,000달러 정도 될 때부터—중하위소득 인구로 장거리 이동이 가능해진다—이민자가 속출하다가 (1인당 GDP가) 10,000~12,000달러에 이르면 증가세는 둔화되기 시작한다. 세계은행이 정의하는 '고소득'에 가까워지므로 해외보다는 국내 취업을 선호할 것이다.

앞으로 인구가 급증하면 사하라이남 아프리카에서는 분명 '밀어내는push' 요인이 작용할 것이다. 이때 수많은 개발도상국에서는 이민 행렬이 거의 정점을 찍을 것으로 보인다. 중위소득 범위인 4,000달러에서 10,000달러~12,000달러에 든 인구는 2010년 라틴아메리카와 중앙아시아 및 일부 동유럽을 포함한 몇몇 지역에서 최고점을 찍었다. 동아시아와 동남아시아 및 남아시아도 소득으로 '밀어내는' 요인이 가장 활성화된 시기에 근접해 가거나 지나가고 있으나 사하라이남 아프리카에서 해당 소득 범위에 있는 인구는 향후 20년간 계속 증가할 것이다.

고령화 사회에 진입한 유럽 및 아시아 국가에서는 인력 수요가 늘어 '당기는pull' 요인이 증가하고 있다. 2020년에 실시된 UN 통계에 따르면, 유럽 국가에서 국경을 넘은 이민자는 2019년 말 약 7,000만 명으로 가장 많았다고 한다. 1/3은 동유럽 출신으로 유럽 선진국에 고령화 현상이 급속도로 진행될 무렵 동유럽의 노동연령 인구는 정점을 찍었다. 고령화된 유럽 국가와 일본은 취업 비자 정책을 확대 실시하고 있다.

재난과 분쟁에서 탈출하려는 사람들은 20년 내내 이민 행렬에 동참할 것이다. UN과 비정부기구NGO의 자료에 따르면, (2019년 말 현재 기준) 폭동과 정치적 소요 사태로 8,000만 명이 고향을 떠났고 그중 1/3은 타국으로 이주했다고 한다.

넓은 시각에서 본 시사점과 걸림돌

앞서 밝힌 인구 및 복지 트렌드로 각 정부는 공공투자를 늘리고 이민자를 관리함으로써 국가의 안정을 도모하고 어떤 면에서는 아시아 신흥국에 보탬이 되는가 하면 이미 부담을 느끼고 있는 국제개발기구의 아젠다를 추가할 것이다.

여성과 아동 및 소수민족의 좌절

코로나 팬데믹으로 일부 지역에서는 빈곤을 벗어나기 위해 이룩한 발전이 취약하고 정치·경제·사회적 지위가 낮은 여성과 소수민족 등이 도태될 수 있다는 점이 분명해졌다. 지금까지 저소득 국가는 사망률이 (라틴아메리카를 제외하면) 선진국보다 낮았음에도 경제적인 여파는 되레 심각했다. 빈곤층에 가까운 수백만이 수입에 타격을 입고 의료 시스템이 과부하에 걸리기도 했지만 무엇보다도 교육 기회가 제약을 받거나 아주 사라지는가 하면 의료 자원이 백신접종이나 산모가 아닌 다른 곳에 전용된다는 것이 가장 큰 문제로 꼽힌다.

공공투자 압박

각 정부는 인구 증가로(특히 개발도상국의 중산층이 급증) 주택과 교육, 의료서비스 및 인프라 등, 공공재 공급에 압박을 느끼고 있다. 거버넌스가 열악한 도시, 이를테면 국제 항만이나 공항 같은 기반시설 접근이 수월한 지역은 범죄 조직의 온상이 되기도 한다.

양날의 검

노령 인구는 폭력성이나 이념 편향성이 비교적 낮아 무장분쟁을 일으킬 가능성을 낮추는 성향이 있다. 동아시아와 라틴아메리카는 중위연령이 30세를 초과해 사회적 안정을 누릴 가능성이 높을 것으로 전망된다. 민주주의를 선호하는 편이기 때문이다. 반면 권위주의 정권이 자리 잡은 곳은 이른바 '색깔혁명color revolution'으로 정국이 흔들리고, 고속성장을 구가하고 젊은 층이 두터운 국가는 도시민의 기대와 (교육, 의료 및 취업 기회를 제공하는) 정부의 역량 사이에 간극이 벌어져 정국이 혼란해질 공산이 크다. 아울러 과격주의 단체의 조직원 영입도 큰 문젯거리가 될 것이다.

이민으로 가열된 논쟁

이민자들은 선진국의 경제적 생산성을 향상시키고 서비스를 제공하며 세수를 확대함으로써 고령화의 단점을 보완하는 데 보탬이 된다. 하지만 국가 정체성과 민족 동질성을 지향하는 문화적 성향이 발동한다면 수많은 선진국과, 노동력이 감소하고 있는 중위소득 국가(이를테면 중국)에서는 이민에 대한 반발심이 고조될 것이다. 그러면 기술혁신과 자동화를 도입해 숙련된 인력만 이주를 허용할 공산이 크다. 결국 이민 규모와 통제 방안에 대한 논쟁과 이견은 국내 및 국가들 사이에서 계속 이어질 전망이다.

동방에 호재가 될 변수

아시아의 수많은 개발도상국은 인구 동향의 잠재적 우위를 선점하거나 역풍을 극복하는 데 비교적 유리한 위치를 차지할 것이다. 그러면 1인당 소득과 복지 수준은 다른 지역보다 아시아에서 더 증가할 것이다. 노동연령 인구를 대거 확보한 아시아 국가들은 대부분 중등교육 졸업률이 높고 복지 수준을 끌어올리는 의료 서비스 및 인프라에도 막대한 자금을 지속적으로 투자할 것이다. 가장 큰 변수라면 중국이 향후 20년 동안 겪게 될 인구 경색에 어떻게 대처하느냐일 터인데, 산아제한(1자녀) 정책으로 출산율이 크게 감소함에 따라 노동인구의 증가세가 멎은 상황에서 65세 초과 인구가 2040년까지 두 배로 증가하면 무려 3억 5,000만에 육박할 것이다(전 세계를 통틀어 최다 기록이다). 중국 인력이 기술 교육과 자동화로 선진국 수준의 생산성에 근접한다손 치더라도 2030년까지는 경제적 안정을 저해할 '중진국의 함정'에 빠질 가능성이 있다.

국제개발기구의 난제

복지에 주안점을 둔 국제기구는 협력에 대한 목소리가 높아짐에 따라 까다로운 상황에 봉착할 것이다. 천재지변과 인재가 화근이 된 인도주의 및 난민 문제가 증가하다 보니 빈곤과 질병을 개선하는 데 투입되어 온 국제 자원이 다른 곳으로 전용될 것이다. 이때 수많은 국가들은 UN이 내건 '2030 지속가능한 개발 목표2030 Sustainable Development Goals'를 달성하지 못할 가능성이 높아, 최근 빈곤에서 벗어나 격상된 수준의 교육과 의료 및 환경 개발에 갈증을 느끼던 중위소득 사회는 극심한 타격을 입을 것이다. 한편 기존의 개발 원조국은 니즈needs를 따라가지 못할 수도 있는데 이와 같이 다국적 개발 원조에 빈틈이 생긴다면 중국을 비롯한 여러 국가들은 개도국의 주요 도시 인프라에 자금을 융통함으로써 유리한 입지를 다질 수 있을 것이다.

▌구조적인 변수

환경

핵심 포인트

- 향후 20년 동안, 기후변화로 기온 상승, 해수면 상승, 기상이변 등이 초래하는 물리적 결과는 전 세계 모든 국가에 영향을 미칠 것이다. 그러나 이에 투입될 비용이나 어려움은 개발도상국에서 특히 심각하게 나타날 수밖에 없으며 그 문제와 함께 환경 피해가 극심해지면서 개발도상국에서 식량과 물, 보건 및 에너지 안보 문제에 대한 위협이 가중될 것으로 보인다.

- 앞으로, 새로운 에너지 기술과 이산화탄소 제거 기법을 통해 이산화탄소의 순 배출량을 0으로 만드는 '넷제로net zero'를 달성하고, 그 결과 대기 온도의 상승 수준을 섭씨 1.5도로 억제하려는 파리협약의 목표를 달성하기 위해 온실효과 가스의 방출 억제에 더욱 역점을 둘 것으로 보인다. 하지만 현재 매우 심각한 결과가 발생할 가능성이 있음에도 전 세계의 대기 온도가 당초 목표치였던 섭씨 1.5도에 육박하는 상황에서-앞으로 20년 이내에 섭씨 1.5를 넘어설 것으로 예상되고 있다-지구의 대기 온도를 낮추기 위한 지구공학 연구 geoengineering research와 가능한 해법을 요구하는 목소리가 높아지고 있다.

- 세계 각국이 이산화탄소를 획기적으로 줄이고 변화에 발맞추어 조치를 이행하기 위한 방법을 두고 힘든 선택에 직면하고 있는 상황에서, 현재 넷제로를 달성하되 가능하면 신속하게 달성할 수 있는 방안에 대한 논쟁이 뜨거워지고 있다.

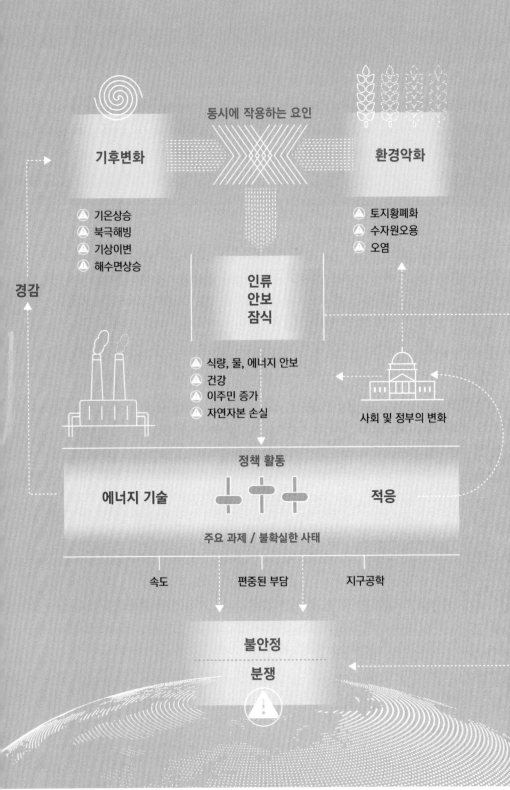

동시에 작용하는 요인

기후변화

⚠ 기온상승
⚠ 북극해빙
⚠ 기상이변
⚠ 해수면상승

환경악화

⚠ 토지황폐화
⚠ 수자원오용
⚠ 오염

인류
안보
잠식

경감

⚠ 식량, 물, 에너지 안보
⚠ 건강
⚠ 이주민 증가
⚠ 자연자본 손실

사회 및 정부의 변화

정책 활동

에너지 기술

적응

주요 과제 / 불확실한 사태

속도   편중된 부담   지구공학

불안정

분쟁

“

지난 10년은 역사상 가장 높은
대기 온도를 기록했고 1960년대 이후
10년마다 그 전의 기록을 계속 경신해 왔다.

기후변화의 시급성 및 심각성

오늘날 우리가 살고 있는 세상은 이미 기후변화로 인해 영향을 받고 있는데, 이는 대기 중에 인간의 활동으로 인해 발생한 온실효과 가스가 축적되는 양이 점점 늘고 있기 때문이다. 전세계의 대기 온도는 19세기 말 이후로 평균 섭씨 1.1도 정도 상승해왔다. 기후변화에 대한 정부간 기구the Intergovernmental Panel on Climate Change의 발표에 따르면, 그 결과 빙하와 만년설의 양이 계속 줄고 있으며 해수면이 상승하고 각종 태풍과 폭염의 강도가 강해지는 한편, 바다의 산성도가 높아지고 있다고 한다. 지난 10년간은 역사상 가장 높은 대기 온도를 기록했고 1960년대 이후 10년마다 그 전의 기록을 계속 경신해 왔다. 지금의 추세가 계속된다면, 향후 20년 내로 지구의 온난화로 대기 온도의 상승폭이 섭씨 1.5 도를 넘어 21세기 중반이 되면 섭씨 2도까지 육박할 것으로 우려된다. 美국가기후평가US National Climate Assessment에 따르면, 이미 대기 중에 축적된 이산화탄소 배출량 탓에, 당장 넷제로를 달성한다고 해도 앞으로 20년은 계속 대기 온도가 상승할 것이라고 한다.

물리적 영향

기후변화의 물리적 영향은, 현재의 대기 온도 상승이 그대로 계속 유지될 경우 2050년 이후 약 50년간 예상되는 파국적인 영향과 비교해 볼 때, 앞으로 20여 년간에 걸쳐 점차 강도가 더 높아질 것으로 보인다. 물론 어떤 국가나 지역도 기후변화의 물리적 영향과 환경의 피해로부터 자유로울 수 없다. 하지만 그 영향은 지역마다 차이가 있을 것으로 보인다. 일부 지역은 영농 기간이 오히려 길어지면서 미미하지만 어느 정도 혜택을 누릴 수도 있다. 하지만 전반적으로 개발도상국들은 기후변화에 대처할 수 있는 능력이 부족하기 때문에 더욱 극심한 피해를 입을 가능성이 있고 그 영향에 대해 더 많이 노출될 위험성이 크다.

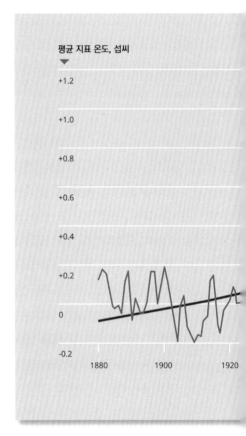

전 세계적인 이산화탄소의 증가와 평균 대기 온

평균 지표 온도, 섭씨

북극 빙하의 해빙과 해수면의 상승

북극 지역의 대기 온도 상승폭은 지구 전체의 평균 대기 온도 상승폭보다 3배나 높은데, 그 이유는 빙하와 적설 지역의 해빙의 순환효과feedback loop 때문이다. 이러한 순환효과로 바다의 얼음 양과 두께가 줄어들 뿐 아니라 빙상과 빙하의 대규모 소실이 발생한다. 전 세계적으로 해수면은 19세기 말 이후로 평균 8~9인치 정도 상승해 왔다. 한편 향후 20년 동안 해수면은 지금보다 3~14

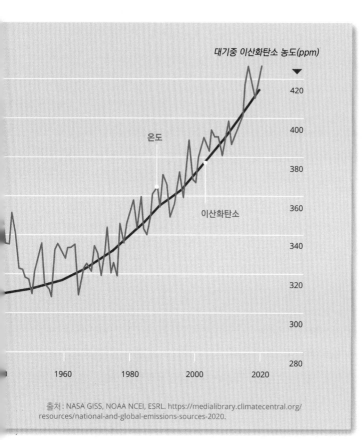

대기중 이산화탄소 농도(ppm)

도표는 산업화 이전의 평균 기온에 대한 대기중 이산화탄소 농도(ppm) 및 지표 온도(℃)의 추이를 보여준다. 가장 무더운 스무 해 가운데 열아홉 해가 2001년 이후였고 2020년이 가장 더운 해로 기록되었다.

온도

이산화탄소

출처 : NASA GISS, NOAA NCEI, ESRL. https://medialibrary.climatecentral.org/resources/national-and-global-emissions-sources-2020.

인치 정도 추가로 상승할 것으로 보인다. 그렇게 되면 해수면이 낮은 해안 주변의 지역에 위치한 도시와 섬은 더욱 심각한 위협에 직면할 것으로 보인다. 육지에서는 동토층이 녹으면서, 수송 및 교통 체계, 각종 파이프라인 및 발전소 등을 비롯한 사회기반시설에 대한 피해가 증가할 것으로 보인다.

증가하는 폭염의 강도

북극을 제외하고, 가장 온난화가 빠르게 진행되는 곳은 북미 대륙의 중부 및 동부 지역, 중부 유럽, (남부 유럽, 북부 아프리카, 근동 지역을 포함한) 지중해 연안 지역, 서부 및 중부 아시아, 남부 아프리카 등이 될 것으로 보인다. 특히 열대지방은 극심한 폭염이 광범위하게 퍼질 가능성이 높다.

기상이변 및 패턴

대기 온도의 상승으로 인해, 허리케인급의 강풍, 해안지역의 침수, 폭풍해일 및 가뭄을 비롯한 자연재해의 강도를 더 높이고, 경우에 따라 발생 빈도까지 높일 수 있는 대기 상태가 초래될 가능성이 높다. 날씨의 양상 역시 변하고 있다. 예컨대, 건조한 지역은 가뭄이 더 심해지는 반면, 습한 지역의 습도는 더 높아질 것으로 보인다. 그리고 일부 지역의 경우, 강우량의 빈도는 낮아지는 반면 오히려 강도는 더 높아질 것으로 보인다.

환경악화

향후 20년간 인구 증가와 급속한 도시화, 열악한 토지 및 자원 관리로 수많은 국가 중 특히 개발도상국에서 기후변화의 피해가 속출하고 더 악화될 것이다. 여기에 해안 도시가 증가하면 여느 때보다 많은 사람들이 폭풍해일과 해수면 상승—기존의 해안 침식을 더 부채질한다—으로 위협을 당할 것이다.

토지 황폐화

농업과 임업 면적을 무작정 확대해 관리가 제대로 이루어지지 않으면 토지의 질이 떨어지고 기후변화의 피해도 커지게 마련이다. 2019년 연구에 따르면, 삼림 벌채와 토지 훼손으로 수목과 토양에서 방출한 탄소는 인간이 초래한 모든 온실가스 배출량의 약 10%를 차지하는 것으로 나타났다.

기후의 불확실성을 낮추기 위한 노력

지구의 기후는 기본적으로 매우 복잡하고 서로 연결되어 있는 구조이며 미세한 변화에도 민감하다. 그렇지만 방대한 데이터 수집과 고성능 컴퓨팅 능력의 발달 및 고도로 정교한 예측 모델 도입 등을 통해 기후변화에 대한 인류의 인지도도 매우 높아졌다. 다음과 같이 여러 연구 분야에서는 기후변화의 불확실성을 줄이려 하고 있다.

원인규명Attribution

과학자들은 특정 사태의 원인을 기후변화로 규정하기 위해 역량을 키우고 있다. 이른바 '극단적 원인규명extreme event attribution'으로 알려진 이 분야는 아직 걸음마 단계로 점차 두각을 나타내고 있는 위협을 감지할 뿐 아니라, 이산화탄소 배출량이 많은 국가나 정부를 상대로 피해 집단이나 개도국이 손해배상을 청구할 근거를 마련할 수 있을 것이다.

순환효과Feedback Loops

기후학자들은 순환효과가 언제, 그리고 어느 정도까지 기온을 끌어올려 급격한 온난화를 초래할지 예측하는 데 어려움을 겪고 있다. 예컨대, 복사열을 반사하는 해빙이 소실되면 열을 더 빨리 흡수하는 대양 표면을 넓게 드러내어 더 많은 해빙이 녹을 것이다. 순환효과와 관련된 또 다른 문제로 메탄을 꼽는데, 메탄은 짙은 온실가스 중 하나로 습지와 영구 동토층뿐 아니라 상승한 기온에 반응하는 대양 수화물ocean hydrates로부터 방출된다.

수자원 오용

앞으로 20년간 국내 및 국가 사이의 열악한 수자원 관리가 물 부족의 주된 원인이 될 것이다. 강수량이 감소하거나 불규칙해지고 인구 증가와 경제 발전 및 비효율적인 관개·영농이 지속되면 수요가 증가할 것이다. 강 유역에서는 상류 국가들이 '그랜드 에티오피아 르네상스' 같은 댐을 주변국과 (거의) 상의도 없이 수원을 변경해 분쟁의 위험이 증가하고 있다.

공해

대기오염과 수질오염은 수많은 선진국에서 20세기에 정점을 찍은 이후로 감소해 왔지만 중산층 국가가 증가함에 따라 전 세계적으로 다시 늘고 있다. 예컨대, 산업 및 도시 폐수의 80퍼센트는 처리되지 않은 채 하수로 배출된다. 다른 환경 요인과 마찬가지로, 대기오염과 기후변화는 대기 중의 복잡한 과정을 통해 서로 영향을 주고받게 되어있다. 기후변화는 곧 정체현상—뜨거운 공기가 돔 모양으로 정체되면 대기의 오염물질이 낮은 대기층에 갇혀 있게 된다—으로 이어져 산불 빈도를 올리며 대기질을 악화시킬 것이다.

잠식되고 있는 인류 안보

기온 상승이라는 물리적 여파가 환경악화와 결합한다면 인류 안보에 문제가 벌어질 공산이 크다. 2018년에 발표된 연구에 따르면, 전 세계 36퍼센트의 도시가 가뭄과 홍수 및 사이클론(cyclones, 벵골만과 아라비아해에서 발생하는 열대성 저기압. 성질은 태풍과 같으며 때때로 해일을 일으켜 낮은 지대에 큰 재해가 발생한다—옮긴이) 등으로 극심한 환경 스트레스(environmental stress, 주변의 환경 요인이 생물 또는 생태계에 부정적 영향을 주는 것—옮긴이)에 직면해 있다고 한다. 여기에 기후변화까지 가세하면 스트레스는 더욱 가중될 것이다. 환경 문제는 앞으로 몇 년간 서로에 영향을 주고받으며 기상이변의 강도와 빈도를 끌어올릴 것이다. 때문에 하나의 고비를 어렵사리 극복해도 조만간 다른 재앙이 닥칠 수 있다.

더 부족해지는 식량과 물

강수 패턴의 변화와 기온 상승, 기상이변의 증가와 아울러, 해수면 상승과 해일로 토양과 지하수에 염수가 침투해 향후 20년간 일부 국가에서는 식량과 물이 부족해질 가능성이 높다. 사하라이남 아프리카와 중앙아메리카, 아르헨티나와 브라질 일부 및 안데스 일부 지역, 남아시아, 호주 등, 우천 농사에 의존하는 지역은 특히 고전할 것이다. 반면, 캐나다와 북유럽 및 러시아 등, 일부 고위도 지역은 수확철이 길어 지구온난화의 '혜택'을 누릴 것으로 보인다.

어업도 심각한 남획으로 위협을 받고 있는 실정이다. 이때 기후변화는 산소 고갈과 급격한 온난화 및 해양 산성화를 부추겨 부담을 가중시킬 것이다. 어민들은 작은 생선 몇 마리라도 더 잡으려고 더 멀리 나가야 할 형편인지라 타의든 자의든 타국의 영해를 침범하는 경우도 더러 있을 것이다. 게다가 대양의 수온이 상승하면 더 많은 산호초가 죽을 수 있어—산호초는 이미 30~50퍼센트까지 줄었다. 섭씨 1.5도만 올라가도 70~90퍼센트까지 감소할 수 있다—어업 및 관광업이 바짝 긴장하고 있다.

건강을 위협하다

저하된 수질과 대기질 및 농산물의 품질뿐 아니라 감염 매개체와 수인성 병원체의 변이가 인간의 생명을 위협하고 있다. 오염에서 비롯된 사망률은 전 세계를 통틀어—대개는 동·남아시아의 중위소득 국가가 가장 높다—천양지차다. 기상이변과 천재지변으로 사람이 사망하는가 하면 의료 인프라를 혼란에 빠뜨려 진료조차 제대로 받을 수 없게 되는 경우도 더러 있다. 기후변화는 지리적 범위뿐 아니라 때로는 인수humans and animals 및 식물의 발병—이를테면, 매개감염질환(웨스트나일, 말라리아, 뎅기열)과 수인성질환(콜레라), 공기매개질환(독감, 한타바이러스) 및 식품매개질환(살모넬라) 등—빈도도 증가시킬 것으로 예상된다.

생물다양성 감소

모든 생물체의 다양성—이른바 생물다양성—은 인류 역사상 어느 때보다 빠르게 감소하고 있어 식량수급과 건강이 악화되고 글로벌 회복력도 저하되고 있는 실정이다. 기온이 상승하면 기존 서식지에 살 수 없거나 새로운 서식지로 신속히 이동할 수 없는 동식물은 멸종될 뿐 아니라 침입종의 확산을 부추겨 자생 유기체가 설 곳을 잃을 것이다.

이주민의 증가

기상이변은 환경적인 요인으로 터전을 떠나는 이주의 빈도를 증가시킬 것이다. 피해 인구가 대개 이웃지역으로 이동하기 때문에 일시적인 현상에 그치곤 한다. 그러나 기후변화가 해수면을 상승시키거나 폭염을 초래해 특정 지역을 거주불능지로 만들어버리기 때문에 사태는 더 악화될 것으로 보인다. 2040년 이후의 이야기지만 그때가 되면 사람들이 타지에서 생을 마감할 성싶다.

점차 완화되다

향후 10년간 온실가스 배출량을 0까지 줄이려는 노력은 더욱 강화될 것이며 목표를 어떻게, 그리고 얼마나 빨리 달성할 것인가를 두고는 논쟁이 증폭될 전망이다. 2015년 파리협정에서 당사국은 온난화를 2도(°C) 미만으로 제한하고 가급적 1.5도 이하로 낮춘다는 범세계적 목표에 합의한 바 있다. 이로써 각국은 배출량을 줄이거나 상한선을 정하겠다는 목표를 자발적으로 마련했다. 선진국의 배출량은 에너지 효율이 늘고 천연가스 사용량의 증가로 줄곧 감소해 왔으며 코로나19 팬데믹 또한 전 세계 배출량을 잠깐이나마 감소시켰다. 물론 전체적인 배출량은 계속 증가해 왔다. 이러한 추세에 힘입어 탄소중립국이 되겠다는 야심찬 공약을 내건 국가가 늘고 있다. 이를테면, 칠레와 EU, 일본, 뉴질랜드 및 한국은 2050년을, 중국은 2060년을 목표 해로 잡았다.

기후 모델링이 개선됨에 따라, 수십 년이 걸리더라도 신기술로 전환하여 넷제로를 달성해야 한다는 견해와, 최악의 결과를 막기 위해서는 넷제로를 더 빨리 앞당겨야 한다는 견해가 양분될 공산이 크다. 국가 차원의 공약은 선진 기술이 도입된다면 배기가스를 경감시키는 동시에 경제성장을 촉진할 수 있고, 기후변화가 초래할 최악의 위기는 점진적인 방안을 통해서도 피할 수 있다는 입장이다. 신속한 조치를 주장하는 사람들은 대재앙을 피할 수 있는 기회가 닫히고 있어 좀더 획기적이고 즉각적인 행동의 변화가 필요하다고 입을 모은다. 기온의 상승 한도를 1.5도로 제한한다면 개도국은 선진국이 낮춘 탄소 배출량과 균형을 맞추면서 경제를 성장시켜야 하니 에너지의 생산·소비에 엄청난 변혁이 요구될 것이다.

에너지 전환은 진행 중
전 세계적인 논쟁과 아울러, 기후변화를 완화할 수 있는 기술의 주된 일면 중 하나는 화석연료에서 재생에너지로 전환하는 속도일 것이다. 앞으로 20년은 화석연료가 에너지 수요의 대다수를 계속 공급하겠지만 거의 확실한 사실은 기술이 발전하고 비용이 감소하면 풍력과 태양력이 여느 에너지원보다 신속히 성장한다는 것이다. 반면 원자력은 좀더 안전하게 설계된다면 생산량은 증가할 것이다. 또한 에너지 효율이 증가하면 에너지 수요 증가율과, 소비된 에너지의 단위당 탄소집약도carbon intensity는 감소할 것이다. 현재 및 미래의 기술 발전은—정부와 기업 및 소비자의 규제와 투자 선택도 포함—전 세계 배출량의 대부분을 차지하는 건축과 운송 및 전력 사업의 에너지 소비에 영향을 주며, 기술 중 다수는 각국의 에너지 회복력과 자급력에 적잖이 기여할 것이다.

요즘 뜨는 에너지 신기술

신형 태양광 및 풍력 발전을 건설·운영하는 비용은 화석연료로 가동되는 발전소보다 훨씬 저렴하다. 페로브스카이트perovskite 태양전지처럼 효율성이 매우 높고 좀더 경제적인 재생에너지 기술은 20년 후면 에너지 산업을 변모·와해시킬 것으로 보인다. 아울러 연결된 풍력터빈 기술로 대규모의 저비용 해상 풍력 프로젝트가 가능해졌다. 중국은 태양전지판과 풍력터빈의 세계 최대 생산·수출국이다.

그리드 시스템에서 더 많은 재생에너지를 가동시키고 전기차의 확대·도입을 지원하려면 **첨단 에너지 저장소**가 필요할 것이다. 리튬이온 배터리는 최근 몇 년간 비용은 감소하고 성능은 향상되었다. 좀더 안전하고 저렴한 데다 성능이 탁월하고 내구력이 강한 배터리에 대해서는 투자가 늘고 있다.

지역별 연간 이산화탄소 배출량

도표는 화석연료와 시멘트 제작 시 발생하는 이산화탄소 배출량을 보여준다(토지이용변경은 포함되지 않음)

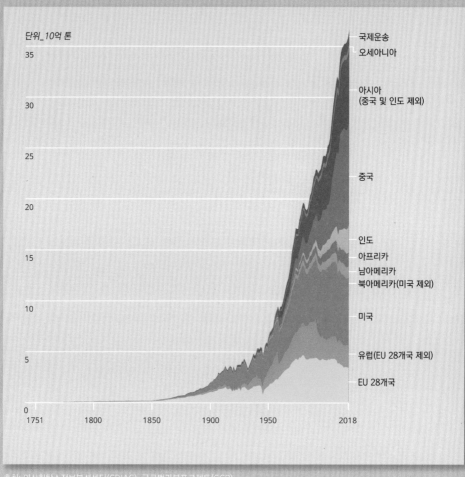

단위_10억 톤

- 국제운송
- 오세아니아
- 아시아 (중국 및 인도 제외)
- 중국
- 인도
- 아프리카
- 남아메리카
- 북아메리카(미국 제외)
- 미국
- 유럽(EU 28개국 제외)
- EU 28개국

훗날에는 첨단 에너지 저장으로 배터리와 신재생전력 및 전기차 등을 통합한 분산·자율형 전력망 개발이 가능해지며 화석연료는 보조 수단으로도 사용하진 않을 것이다.

그린수소Green hydrogen—전기분해로 부산물 없이 생산한다—는 잉여 태양력·풍력에너지를 저장하고 난방과 공장 및 대형수송차량의 탄소를 제거하는 데 좀더 실질적인 역할을 할 수 있을 것이다. 그린수소 산업은 아직 걸음마 단계지만 칠레처럼 신재생에너지가 저렴한 국가가 특히 관심을 두고 있기 때문에 비용은 감소될 것으로 예상된다.

몇몇 기업은 기존 원자로의 약 3분의 1 크기인 **소형모듈원전**(Small Modular Reactors, SMRs)을 개발하고 있다. 이는 비교적 규모가 작고 안전하기 때문에 핵 프로젝트에 반대해온 국가도 두루 수용할 것이다. SMR은 아프리카 같은 외딴 지역에 전력을 공급하게 될 것이다. 개발도상국이 탄소 배출량을 늘리지 않고도 주민들에게 전기를 공급할 수 있기 때문이다. 아울러 SMR은—태양력 및 풍력 발전과 결합하면—단전 문제도 해결하는 데 보탬이 될 것이다.

이산화탄소를 제거하라

대기에 떠다니는 이산화탄소를 제거하는 노력도 필히 성공해야 할 것이다. 기후변화에 대한 정부간 기구의 추산에 따르면, 배출가스를 줄이는 것만으로는 온난화를 1.5도로 제한하기에는 역부족일 거란다. 때문에 대기중 이산화탄소를 포집하여 지하에서 이를 활용하거나 저장하는 기술이 좀더 부각될 것이다. 온난화를 1.5도로 제한하는 모델링은 대부분 탄소 포집·저장BECCS 기능을 갖춘 바이오에너지 및 녹지조성을 통한 이산화탄소 제거CDR 기술을 충분히 확장시키는 것이다. 연구 중인 다른 기술로는 토양침전과 해양비옥화(ocean fertilization, 해양의 표면이나 표면 가까이에 서식하는 미세 식물인 식물성 플랑크톤의 대기 중 이산화탄소 흡수량을 늘릴 목적으로 설계되었으나 검증이 완료되지 않은 지구공학적 방법—옮긴이) 및 직접공기포집 기법이 있다. 초기 개발 단계인 BECCS의 연구 및 배치는 점차 늘려나갈 것이다. 이산화탄소를 지하에 저장하는 동안 가용 에너지로 전환되는 바이오메스를 재배할 때 이산화탄소를 쓰는, 몇 안 되는 역배출negative emissions 기술이기 때문이다. 현재 상업적으로 가동 중인 CDR 프로젝트는 약 25개로, 연간 배출량 중 무시할 수 없는 양을 제거하고 있으나 규모를 늘릴라치면 시장 인센티브market incentives가 없는 정책·기술·경제적 장벽에 부딪칠 것이다. 결국 CDR의 속도를 앞당기고 재생에너지 기술을 두루 채택하기 위해 탄소세나 탄소 배출권 제도를 도입하는 국가는 늘어날 전망이다.

탄소 배출에 대한 보완 조치

좀더 많은 주체가 기후 및 환경 문제에 대응하기 위해 국제·정부 프로그램에 가담할 공산이 크다. 지역 차원의 조치는 이미 증가해 왔으며 좀더 많은 기업이 탄소중립(carbon neutral, 이산화탄소를 배출한 만큼 이산화탄소를 흡수하는 대책을 세워 이산화탄소의 실질적인 배출량을 '0'으로 만든다는 개념—옮긴이)을 공약하고 있다. 그뿐 아니라 일부 대형 자산운용사는 기후변화가 장기적인 수익률을 위협한다는 판단에 기업 포트폴리오에서 탄소배출량 공시를 요구하거나 화석연료 프로젝트 중 일부에는 투자를 거부하고 있다. 2018년에는 128개국의 약 1만 개의 도시 및 지자체가 기후 관련 조치를 취했고, 120개국에 본사를 둔 6,225개 기업은 이를 통해 미국과 중국의 GDP보다 높은 36조 5000억 달러의 매출을 기록한 것으로 나타났다. 민관협력은 선호도가 높은 운영체제로 꼽힌다. 비국가 주체의 노력이 국가 차원의 조치와 연계되었을 때 가장 효과가 크다는 인식이 작용했기 때문인 것으로 보인다.

회복 및 적응력 증진

'넷제로'를 달성하려는 노력과 아울러 다수 국가와 지역사회는 적응형 인프라와 회복 조치에 투자를 늘릴 것이다. 일부 대안으로 맹그로브 숲을 복원하거나 강수 저장량을 늘리는, 저렴하고도 단순한 방편이 있는가 하면 대형 방파제를 건설하고 인구를 대거 이동시키는 등의 복잡한 방안도 있다. 물론 취약한 지역사회에 자금을 지원하는 일이 가장 중요하다. 정부는 이해관계가 상충하는 재정·정치적 문제도 해결하고 지원할 곳도 선정해야 하기 때문이다.

민관협력은 멕시코 근해의 메소아메리칸 암초나 케냐의 현지 농민을 감안한 지수기반index-based 기상보험처럼, 기후위기의 회복력을 구축하기 위해 보험을 혁신하고 있다. 이는 최신 데이터와 머신러닝 기술에 달려있다. 즉, 이러한 기술이 향후 20년간 꾸준히 발전하면 회복 메커니즘은 더욱 정교해질 거라는 뜻이다.

지구공학을 연구하라

온난화가 파리협정의 목표치를 초과하는 지점에 근접해지면 국가 및 비국가 주체는 좀더 적극적으로 연구와 테스트를 실시하고 지구공학적 방편—지구의 자연환경에 인간이 대대적으로 개입하는 것—을 도입할 공산이 크다. 현행 연구는 태양에너지를 우주로 반사하여 지구를 식히는 태양복사열관리(solar radiation management, 이하 SRM)에 주안점을 두고 있다. 예컨대, 성층권 에어로졸 살포stratospheric aerosol injection(이하 SAI)—성층권에 입자를 분사해 글로벌 디밍(global dimming, 지구흐리기, 인간이 만들어낸 먼지 같은 입자가 태양으로부터 오는 빛을 가리고 반사시켜 지구의 온도를 낮추는 현상—옮긴이)을 일으키는 일종의 SRM—가 최악의 기후변화를 우려하는 이들의 자금을 유치한 바 있다. 찬성론자는 에너지 전환(energy transformation, 빛에너지, 화학에너지, 전기에너지, 기계에너지, 열에너지 등이 각각 다른 형태의 에너지로 변환하는 과정—옮긴이)이 매우 더디게 일어나는 데다, SAI라면 지구에 시간을 벌어줄 수 있을 거라고 주장한다. 완화mitigation보다는 기술적으로 실현이 가능하고 좀더 경제적이기 때문이다.

최근 연구는 학계와 비정부기구 및 민간기업의 주도하에 거의 모든 재원을 컴퓨터 모델에 투입하고 있다. 그러나 앞으로는 각국이 대화를 개시하고 리더십을 발휘함으로써 연구의 표준을 설정하고 실시간 테스트의 투명성을 보장하는가 하면, SRM 기술 배치 여부와 방식 및 시한에 대한 법적 기반을 결정하고 결과를 모니터링하는 데 보탬이 될 국제협정을 마련해야 한다는 목소리가 높아질 전망이다. 부작용은 아직 잘 알려져 있지 않은 터라 일부 과학자들은 SRM이 기온을 낮추긴 하지만 동시에 돌발적인 기상이변과 강수 패턴을 부추길 거라고 우려한다. SRM을 도입한 국가 및 비국가 주체는 제3자가 지구공학으로 되레 자연재해가 발생했다며 그들에게 책임을 묻는다면 분쟁과 반격을 벌일 것이다.

시사하는 의미와 걸림돌

기후변화를 둘러싼 직접적인 물리적 영향과 아울러, 급격한 배출량 감축과 적응 조치의 어려움을 감안해 볼 때 국가 및 사회는 선택과 절충에 심한 부담을 느낄 공산이 크다. 이러한 부담은 한 국가나 혹은 국가들이 서로 균등하게 감당하진 않을 것이며, 장기적인 완화정책의 성과가 정치적 인센티브와는 상충하기 때문에 논란의 대상이 되는 조치는 지속적인 투자가 버거워질 전망이다. 아울러 기후변화의 2·3차적 의미 또한 여러 면에서 인류 및 국가 안보에 악영향을 줄 것이다.

사회분열과 정치운동을 주도하라

기후변화에 대한 우려는 전 세계 곳곳에서 증폭되어 왔다. 현재 수십만의 시위자들이—대다수는 젊은이—좀더 신속한 변화를 촉구하며 가두행진을 벌이고 있다. 기후변화를 완화시키거나 이에 적응하기 위한 정치계의 대응 또한 정치적 불안—특히 범 사회·정치적 이해관계가 얽힐 때—을 가중시켰다. 2018년 기름값 인상에 반대하는 프랑스인들의 시위가 대표적인 예로 꼽힌다. 한편 유럽에서는 민족주의 및 포퓰리즘 정당이 기후완화 정책과 관련된 경제위기를 빌미로 노동계층을 위한 평등과 사회정의 차원에서 반기를 들기도 했다.

범세계적 행동을 두고 압박이 거세지다

지구온난화가 점차 심각해져 투명성과 배출량 감축 및 책임 소재를 두고 국가가 서로 논쟁을 벌이거나 이들 사이에 긴장이 고조될 것이다. 경제를 성장시키고 탄소 배출을 늘릴 기회를 원하는 개발도상국은 에너지 시스템이 저탄소 모델로 도약하기 위해서는 선진국이 첨단 에너지 기술을 제공하는 한편, 취약 인구의 적응을 돕기 위해 자금을 지원하겠다는 의지를 실천해야 한다는 입장을 좀더 적극적으로 피력할 것이다. 이를테면, 40억 달러 상당의 적응 프로젝트를 승인한 녹색기후기금Green Climate Fund 같은 국제금융지원수단을 요구하는 목소리도 높아질 것이다.

경쟁을 고조시키다

기후변화와 환경악화는 더욱 치열한 지정학적 환경의 원인이 되며 이를 반영할 것이다. 각국과 주체들은 접근성과 가치가 오르고 희소성도 높아진 식량과 광물, 수자원 및 에너지원을 두고 경쟁을 벌일 공산이 크다. 북극 해빙이 감소하면서 새로운 바닷길과 아울러, 천연가스와 석유, 희토류 금속 및 수산물 등, 가치가 뛴 자원을 이용할 기회가 열리고 있다. 러시아는 북극의 선도국으로, 북쪽 해안선을 순찰하고 전력사업을 실시하기 위해 좀더 많은 쇄빙선을 제작하고 있다. 중국과 인도같은 비해안국가들도 더 짧은 무역로와 자원을 이용하기 위해 안간힘을 쓰고 있다. 특히 중국은 탄소 배출량이 증가하고 있음에도—이미 최대 배출국이다—기후외교의 리더를 자처하며 국제적 이미지 쇄신에 총력을 기울이고 있다.

불안과 분쟁을 조장하다

기후변화가 불안과 분쟁을 주된 원동력은 아니지만 어떤 사회·정치 및 경제적 맥락에서는 기후변화로 분쟁이 쉽게 점화되는 경우도 있다. 민족·종교적 양극화가 심하고, 천연자원 의존도가 높으며, 분쟁을 해결하는 장치가 미흡하거나 부당하고, 폭력의 역사를 가지고 있으며, 적응력이 취약한 국가가 특히 우려된다. 예컨대, 가뭄이나 기상이변이 증가하면 고전하고 있는 농민과 목축업자가 무장단체에 가담하는 데 따르는 기회비용이 감소하는 반면, 종파 엘리트 계층은 기후변화로 고조된 현지 주민들의 불만을 이용하여 극단적인 정치적 목표를 앞당길 것이다.

군사준비태세를 압박하다

각 군대가 변화무쌍한 세계에서 적응과 전투를 이어나가는 가운데 기후변화는 준비태세를 압박하고 수많은 군 당국에 재정적인 압력을 행사할 것이다. 예컨대, 폭풍해일이 몰아치고 해수면이 상승하면 해군 기지와 항공기 활주로에 대한 설계 및 보호 설비를 보완해야 하고 폭염이 장기간 지속되면 훈련일수가 감소할 것이며, 거센 폭풍이 불고 홍수가 나면 군대는 좀더 많은 자원을 국내외 재난 구호에 투입할 수밖에 없을 것이다.

경색된 국제사회를 압박하다

현행 국제법과 협력기구는 글로벌 기후 문제에 잘못 대응하고 있다. 이를테면, 국제난민법은 기후변화로 실향민이 된 사람은 규정하지 않고 있다. 북극위원회the Arctic Council나 나일베이슨이니셔티브Nile Basin Initiative 등, 공유자원 관리를 위해 설립된 수많은 기구는 자발적인 방식으로 집행 수단이 미흡한 탓에 역량이 부족하거나 열외 취급을 당할지도 모른다. 게다가 SRM 같은 고위험 활동에 대한 국제표준이나 규정을 개발하려는 노력은 기술을 따라가지 못하고 있는 터라, 국가나 개인이 역효과를 초래할 수 있는 독자적 행동을 추진할 가능성은 더 높아질 것이다.

에너지 전환 지정학 및 경제

화석연료를 탈피한다면 지정학과 경제를 현격히 재편할 수 있다. 물론 속도와 구조가 결정적인 변수가 될 것이다. 석유국들—현재 전 세계 GDP의 8퍼센트에 해당하며 인구는 9억 명으로 추산된다—은 탄소를 급격히 줄이는 시나리오에서는 매출에 큰 타격을 입는 반면, 좀더 효율적으로 저렴하게 석유를 채취하고 경제를 다각화시킬 수 있는 국가는 전환기를 비교적 원활히 극복할 것이다.

아울러 전환기는 각국이 에너지를 강제coercion나 국정운영 수단으로 활용할 역량을 감소시킬 것이다. 에너지 시스템이 좀더 분산될 것이기 때문이다. 또한 석유와 재생에너지는 운영 방식이 서로 달라—석유는 채취한 자원으로 거래가 가능한 반면, 재생에너지는 국내에 인프라를 건설해야 이용할 수 있다—에너지 시장에서 행사하는 각국의 영향력은 줄어들 전망이다. 즉, 한 국가가 다른 국가의 에너지 공급에 영향을 주는 것이 더 어려워진다는 뜻이다. 예컨대, 중국은 청정에너지설비시장을 장악했으나, 한때 석유수출국기구OPEC가 석유시장을 장악했던 식으로 글로벌 에너지 공급을 위협할 수는 없을 것이다.

그러나 재생에너지로 전환되면 배터리 소재인 코발트·리튬과, 전기모터 및 발전기용 자석에 쓰이는 희토류 등, 특정 광물을 둘러싼 경쟁은 더 치열해질 것이다. 각 주체는 앞으로 20년간 앞다투어 신재생에너지 기술을 개발하면서 콩고민주공화국과 볼리비아 같은 광물 공급국에 시선을 집중할 것으로 보인다.

구조적인 변수

경제

핵심 포인트

- 향후 20년에 걸쳐 증가하는 국가채무, 복잡하고 분열된 무역환경, 글로벌 서비스 무역의 확산, 일자리의 변화, 유력한 기업들의 지속적인 부상 등 다수의 글로벌 경제 트렌드가 국가간의 환경 조성에 영향을 미칠 것이다.

- 많은 정부들이 불어난 부채와 다양한 무역 규정 및 인구 변화에서 기후변화 등 과제에 대응하라는 여론의 압박으로 운신의 폭이 좁아졌다는 점을 체감할 것이다.

- 아시아 국가들의 경제성장은 향후 수십 년간 지속될 것으로 보이나, 속도는 감소할 수 있다. 생산성 향상이 전 세계적으로 중요한 변수가 될 것이다. OECD 국가들의 높아진 성장률은 각 정부의 경제·인구 문제 해결에 일조할 것이며 아시아의 높은 성장률은 국가가 중진국의 함정을 피하는 데 도움을 줄 수 있을 것이다.

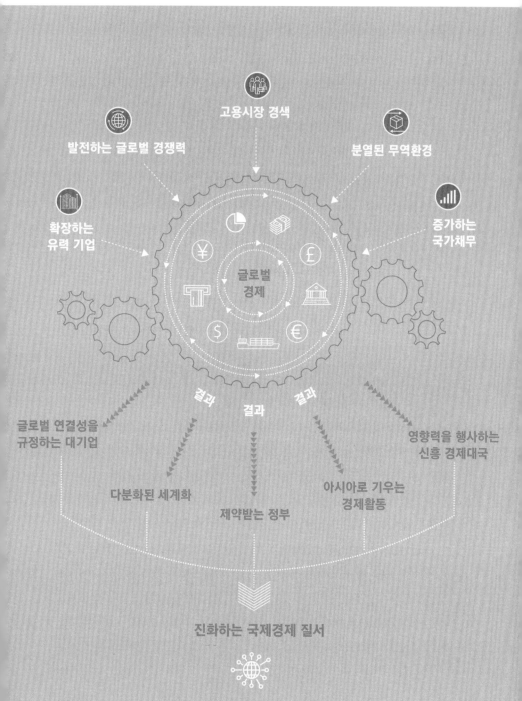

고용시장 경색

발전하는 글로벌 경쟁력

분열된 무역환경

확장하는
유력 기업

증가하는
국가채무

글로벌
경제

결과   결과   결과

글로벌 연결성을
규정하는 대기업

영향력을 행사하는
신흥 경제대국

다분화된 세계화

아시아로 기우는
경제활동

제약받는 정부

진화하는 국제경제 질서

"

향후 몇 십 년간 복지 예산을 삭감하거나
세금을 인상하는 어려운 결정이 내려지지
않는 이상 고령화의 경제적 비용은 모든
G20 국가의 공공재정에 부담을 줄 것이다.

향후 20년간의 경제동향은 인구나 기후 분야보다 변동성이 훨씬 높을 것이다. 경제 예측은 본질적으로 불확실하며, 기술 및 정부 정책 등 다른 핵심 동향과도 긴밀하게 연결되어 있다. 이 장에서는 국가와 비국가 주체 모두에게 기회와 과제를 제시하고 있는 몇 가지 장기적인 경제 궤적을 집중적으로 살펴볼 것이다.

높은 국가채무의 지속과 증가

국가의 채무 수준은 2007~8년 글로벌 금융위기 이후 거의 모든 국가에서 증가해 왔으며 적어도 2040년까지는 상승 압력을 받을 것으로 보인다. 높은 국가부채를 부추긴 요인으로는 코로나 19로 인한 대출 증가, 주요 대국들의 높은 고령화 관련 비용, 그리고 각 정부가 직면한 경제성장 촉진과 범세계적 문제를 둘러싼 대응 요구 등이 있다. GDP 대비 국가부채는 미국, 일본을 비롯한 거의 90퍼센트의 국가들에서 2008년에 비해 2019년에 더 높았으며, 2020년에는 팬데믹과 그와 관련된 정부 대응으로 대폭 상승했다. 2019년 신흥국의 평균 채무비율은 1980

년 중반과 1990년 사이의 부채 위기 당시 지배적이었던 수준에 맞먹는다. 국제통화기금 IMF은 2019년 저소득 개발도상국의 약 5분의 2가 부채 문제를 겪을 위험이 높거나 이미 겪고 있다고 분석했다. 향후 몇 십 년간 복지 예산을 삭감하거나 세금을 인상하는 어려운 결정이 내려지지 않는 이상 고령화의 경제적 부담이 모든 G20 국가 경제의 공공재정을 압박할 것이다.

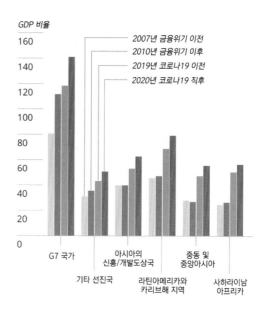

GDP 1% 대비 국가 부채

GDP 비율

2007년 금융위기 이전
2010년 금융위기 이후
2019년 코로나19 이전
2020년 코로나19 직후

G7 국가　　기타 선진국　　아시아의 신흥/개발도상국　　라틴아메리카와 카리브해 지역　　중동 및 중앙아시아　　사하라이남 아프리카

출처: WEO 2020 데이터베이스

향후 20년 동안 국가채무비율을 감소시키는 것이 금융위기 직후 10년보다도 더 어려운 과제가 될 것이다. 대부분의 선진국에서 의료복지와 연금 제공 및 기타 사회복지 제도에 들어가는 비용은 유의미한 생산성 증가나 이러한 복지비용의 감소가 일어나지 않는 이상 자유 재량 지출을 가로막는 걸림돌이 될 것이다. 일부 국가에서는 더딘 경제성장이 세수를 감소시키고 경제회복 및 인프라에 대한 투자, 기후변화 영향에 대한 대응의 필요성으로 정부의 지출 삭감 역량이 약화될 수 있다.

GDP 1% 대비 국가 부채

2007 | 글로벌 금융위기 전

100% 이상
75% - 100%
50% - 75%
25% - 50%
25% 미만
미포함

2020 | 코로나19 이후

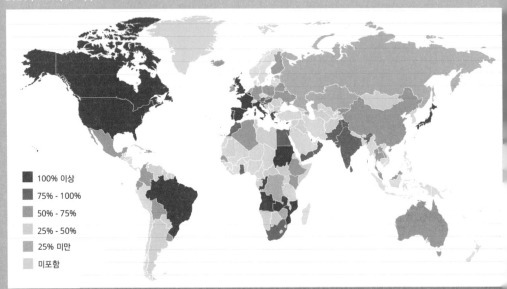

100% 이상
75% - 100%
50% - 75%
25% - 50%
25% 미만
미포함

출처: 국제통화기금

지속가능하거나, 채무 불이행 리스크가 높거나

금융위기 이후 시기와 비슷하게 저금리 시대가 길어지면서, 아시아, 유럽, 북아메리카 선진국의 경우 부채 부담이 줄어 더 높은 국가채무 비율을 감당할 수 있게 될 것이다. 유럽 중앙은행, 미연방준비은행, 일본은행을 비롯한 세계 주요 중앙은행들은 자국 통화로 대출을 해 왔기 때문에 높은 채무 비율을 감당하기 위해 적어도 지난 10년 동안 초저금리 기조를 유지해 왔다. 이 정책에서 이탈하게 되면 부채 상환 비용이 높아지며 높은 채무 비율과 연계된 리스크를 키울 수도 있다.

대외 차관을 통해 부분적으로 채무를 감당한 신흥 개발도상국들은 국제 금리가 낮게 유지된다 하더라도 증대된 부채 부담 리스크에 직면하고 있으며 부채 위기를 맞을 수도 있는데, 현지 통화의 평가절하와 높아진 리스크 프리미엄으로 부채 상환 비용이 증가할 수 있기 때문이다. 일부 정부들은 공공지출을 통제하면서 국민의 불만이라는 리스크를 수용하거나 공공지출을 유지하되 채무 부담과 대출 비용의 증가, 자국 통화의 평가절하를 받아들여야 할 것이다. 이러한 선택에 직면했을 때, 일부 정부는 글로벌 공공재보다는 국내 이슈에 대한 지출을 우선시할 가능성이 높다.

고용 경색

글로벌 노동시장 또한 자동화와 온라인 협업 도구, 인공지능AI, 적층 제조 등 신기술로 계속 변화할 것이다. 자동차 운전 또는 질병 진단과 같이 과거에는 인간만이 할 수 있다고 간주되었던 업무도 이미 자동화되었거나 향후 10년 내로 자동화될 전망이다. 연구 결과에 따르면, 자동화로 기존 일자리의 9퍼센트가 사라질 수 있으며, 향후 15~20년 사이 기존 일자리의 약 3분의 2가 근본적인 변화를 겪을 수 있다고 한다.

새롭게 부상하는 기술들은 고객을 독립 서비스 제공자, 광속 상업 데이터 및 소프트웨어 전송과 연결시켜주는 인터넷 기반 프리랜서 플랫폼을 통해 새로운 일자리를 창출하고 더 높은 가상 노동 이동성을 실현시켜줄 것이다.

인구 구조, 특히 고령화는 은퇴 연령의 상승에도 자동화의 도입을 더욱 촉진할 것이다. 오늘날 선진국들은 대부분 향후 20년간 고령 노동자들의 은퇴와 함께 노동력의 감소를 겪게 될 것이다. 이 시기 동안 은퇴 연령이 일정하다는 가정 하에 노동연령 인구(15~64세)의 감소율은 한국이 23퍼센트이고 일본은 19퍼센트, 남유럽은 17퍼센트, 독일은 13퍼센트, 그리고 중국은 11퍼센트에 달할 것이라 전망된다. 이들 국가의 기업들이 본격적으로 고령화된 노동력을 대체·보완할 방안을 모색하기 시작하면서 자동화는—전통적 산업 로봇과 AI 기반 업무 자동화—빠른 속도로 확산될 것이다. 다른 국가들에서는 자동화가 더 느리게 확산될 것으로 보이는데 미숙련 노동 등에 대해 비용 면에서 이점을 제공하는지 여부가 관건일 것이다.

과거의 사례로부터 판단했을 때 향후 20년 동안 신기술로 창출될 새로운 일자리의 수는 소멸될 일자리 수보다 더 높을 것이다. 세계경제포럼의 한 연구에 따르면, 2025년까지 자동화로 9,700만 개의 일자리가 창출되고 8,500만 개의 일자리가 사라질 것이라 한다. 각국의 자동화 적응 능력에 영향을 미치는 요인으로는 기술, 유연성, 인구 구조, 기초 임금, 자동화에 취약한 직업 비율, 지속교육에 대한 접근성 등이 있다. 예를 들어 노동연령층이 증가하는 국가들은 자동화 수준은 비슷하나 고령화 수준은 더 높은 국가들에 비해 실직이나 임금 하락에 대한 압력을 더 많이 받았다.

자동화는 점점 더 많은 인력에 영향을 미칠 것이다. 지난 20년 동안 기계 관리자, 철강 노동자, 사무실 서기 등 대부분의 중숙련 직업이 대체되었다. 자동화는 점차 의사와 변호사, 엔지니어, 대학 교수 등 고수익 직종에까지 손을 뻗을 수도 있다. 새로운 일자리가 생기는 동시에 소멸 직업과 신종 직업 간의 기술 불일치가 생길 가능성이 높다. 이 불일치로 많은 노동자들이 새로운 직업에 요구되는 기술을 습득하고자 할 것이고 그만큼 실업 기간 또한 길어질 것이다. 즉, 부의 분배가 더 왜곡될 수도 있다는 것이다. 청년 비율이 높은 국가는 신규 인력을 투입하는 데 필요한 교육을 제공한다면 좀더 기민하게 대응할 수 있을 것이다.

분열된 무역환경

글로벌 무역 시스템은 향후 20년 동안 더 분열될 전망이다. 1995년 세계무역기구WTO가 설립된 이래로 추가적인 무역협정에 대한 진전은 거의 이루어지지 않았거나 전무했다고 볼 수 있다. 하지만 지역 및 양자 무역협정은 번성했는데 그런 탓에 세계 무역환경은 더욱 분열되었다. 세계무역기구의 수립 이후 무역원활화협정Trade Facilitation Agreement 단 한 건의 다자 협정만이 타결되었다. 회원국 간 농업 무역과 이와 관련된 보조금, 지적재산권 보호에 대한 근본적 입장 차이, 그리고 선진국과 개도국 간의 좁혀지지 않는 격차가 진전을 어렵게 했다. 업데이트가 안 된 현 무역 규정들은 이커머스를 비롯한 서비스 등 새로운 흐름에 적합하지 않으나 데이터 현지화 규정과 자국의 농업 보호 등, 글로벌 서비스에 대한 무역장벽은 WTO의 업데이트를 위한 합의를 더 어렵게 만들 것이다.

2040년에는 일자리가 사라질 것인가?

현재 AI가 일자리를 대체하는 범위와 속도를 보면 각국이 새로운 일자리를 만들 재간이 충분할지, 혹은 노동자들이 신종 직업에 필요한 기술을 갖출 수 있을지 의문이 든다.

향후 몇 십 년 동안 AI는 과거 혁신의 흐름을 따르면서 전체 일자리는 점차 증가할 것으로 보인다. 하지만 일자리 창출 속도보다 소멸 속도가 더 빠르다면 초기에는 전반적으로 감소할 것이다.

일부 경제학자들은 기계가 고도화되고 일자리 상실이 더 지속되면 AI가 노동시장을 교란시킬 수 있다고 본다.

세계무역기구WTO의 규정들이 점차 시대에 뒤처지면서 미래의 지역별 협정들은 특히 신형 상업거래 분야의 새로운 규정과 기준을 수립할 가능성이 높으며, 이는 세계 통상규범의 분열을 심화시킬 것이다. WTO 수립 후 양자 및 지역별 무역협정의 수가 대폭 증가했는데 분야별 협정의 진전은 더딘 편이었다. 협정 중 일부는 관세나 시장에 접근하는 것뿐 아니라 WTO나 기타 국제 다자협정이 다루지 않은 영역에서 규범이나 기준을 수립했다. 이를테면, 미국과 멕시코 및 캐나다 간 디지털 무역 규범이 좋은 사례가 될 것이다. 아시아의 역내 포괄적 경제동반자협정(RCEP, 2020), 포괄적·점진적 환태평양 경제동반자협정(CPTPP, 2018) 및 아프리카 자유무역지역(2020) 등 규모가 큰 협정들은 지역별 무역 활성화와 해외 투자 유치에도 도움이 될 수 있을 것이다.

지역별 현행 무역협정

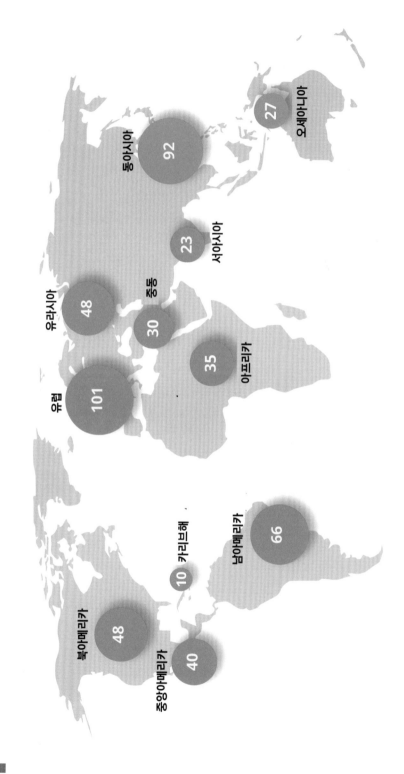

북아메리카 48

중앙아메리카 40

카리브해 10

남아메리카 66

유럽 101

유라시아 48

중동 30

아프리카 35

서아시아 23

동아시아 92

오세아니아 27

출처: 세계무역기구WTO, 2020년 6월

일방적인 비관세 무역장벽의 확대는 정부와 민간 부문의 국제무역을 더 복잡하게 만들 것이며 무역주도 경제성장을 저해하고 전반적인 성장을 약화시킬 것이다. 언론의 큰 관심을 끌었던 것은 미중 무역전쟁이었지만 지난 12년 동안 많은 국가들이 무역제한 조치를 증가시켜 왔다. 2008년과 2018년 사이에 세계적으로 시행된 무역제한 조치는 10년 전에 비해 200퍼센트 증가했고 이중 라틴아메리카와 아시아가 각각 30퍼센트와 40퍼센트를 차지했다. 아시아 태평양 지역에서는 적용 관세율은 하락했지만 비관세 조치 사례는 증가했다. 2019년에는 신규 무역장벽이 신기록을 세웠으며 무역제한은 유럽연합의 무역 관계에 구조적인 변수가 되어가고 있다.

제조업 부문의 일자리 보호와, 승자가 독식하는 선진 기술의 우위 확보를 둘러싼 우려, 의료장비나 약물 제조 원료 등 필수 원자재에 대한 집중 등의 변수로 보호주의 정책이 더 가속화될 전망이다. 향후 20년간 예상되는 제조업의 일자리 감소로 선진국 및 제조업에 의존하는 개도국 정부는 보호주의 정책을 펴야 한다는 압박을 느낄 것이다. 아울러 AI와 같은 기술이 지속가능한 선발자우위first mover advantages—신규 상품을 최초로 상업화해 비교우위를 차지—을 가능하게 한다는 인식으로 일부 정부는 국제적 지위를 선점하기 위해 무역제한 정책을 강화할 수도 있다. 마지막으로, 팬데믹 이후 특히 제약 분야에서 필수 원자재와 전략적 공급품을 보호한다면 업계의 무역제한은 더욱 심화될지도 모른다.

발전·다분화하는 경제적 연결성
통상정책과 아울러, 국경간 서비스 제공에 대한 역량 강화와 이에 대한 수요, 그리고 이커머스 플랫폼 기술의 활용으로 글로벌 가치사슬의 형태와 해외직접투자 장소, 무역의 구성 및 방향 등을 비롯한 경제적 연결성은 계속 변동할 것이다. 글로벌 무역시스템의 분열에도 금융과 원격통신, 정보, 관광업 등 다양한 분야의 서비스 무역은 향후 20년간 증가할 전망이다. OECD 국가들에서는 서비스업이 GDP의 약 75퍼센트와 고용의 80퍼센트를 차지하고 있지만 현재 전 세계적으로 서비스 무역의 가치는 상품 무역의 3분의 1에 불과하다. 즉, 성장의 여지가 많다는 것이다. WTO의 글로벌 무역 모델에 따르면, 서비스 무역의 확대를 가속화하고 경제적 연결성을 지속적으로 강화시켜줄 디지털 기술을 도입할 때 세계 무역은 2030년까지 기본 전망에 비해 2퍼센트 포인트 높게 성장할 것이다.

무역을 변화시키는 신제조기술

2020년 글로벌 공급망의 구성은 대체로 제조업 부문에서 가치창출을 가능하게 했던 규모의 경제와 노동력의 중요성을 반영했는데 이는 일부 저임금 지역, 특히 중국에서의 생산 집중으로 이어졌다. 디지털 기술과 적층제조술additive manufacturing을 대거 활용하면 규모의 경제와 노동력의 중요성이 축소될 수 있어 시장 가까운 곳에 생산지가 조성될 것이다. 이러한 생산 기술로 중국은 생산국으로서의 매력이 감소해 각 기업의 공급망 재배치가 가속화될 전망이다.

글로벌 무역을 가능하게 해주는 이커머스 플랫폼 기업

클라우드 컴퓨팅과 자동화, 빅데이터 분석, AI 및 기타 정보 기술은 모든 판매자, 특히 예전부터 높은 해외시장 장벽에 부딪혔던 중소기업들이 국제시장으로 판로를 개척할 수 있는 새로운 유통 방식을 만들어 내고 있다. 2020년 중국의 알리바바와 미국의 아마존을 비롯한 이커머스 플랫폼 기업들은 지리적 위치에 상관없이 판매자와 구매자를 연결시켜주는 시장을 창출했고 기업이 상대적으로 낮은 비용과 리스크로 해외시장에 진출할 수 있는 길을 열어주었으며 국제무역의 흐름도 확대시키고 있다.

화폐의 불확실한 미래

금융 부문도 다른 산업을 변화시키고 있는 기술 발전에 영향을 받을 것이다. 향후 20년간 중앙은행이 발행하는 디지털 화폐가 확산되면서 디지털 화폐가 더 많이 수용될 것이다. 중국의 중앙은행은 2020년 디지털 화폐를 발행하기 시작했고 중앙은행 컨소시움이 국제결제은행과 함께 정부의 디지털 화폐를 위한 기반 원칙을 살피고 있다.

페이스북이 제안한 리브라Libra와 같은 민간 디지털 화폐의 도입은 디지털 화폐의 수용을 더욱 가속화할 것이다. 민간 디지털 화폐가 어느 정도로 미국 달러와 유로 등의 국가 및 지역별 법정 화폐를 대체할 것인지는 제정될 규제법에 달려 있다.

미국 달러와 유로에 대해서는 다른 법정 화폐가 도전장을 내밀 것이다. 법정 화폐들의 힘은 현재 국제 금융 구조의 변화와 국제적 연계성의 중요성에 따라 결정될 것이다. 민간 디지털 화폐는 국가의 환율 및 통화 공급에 대한 통제력을 약화시켜 통화정책이 더 복잡해질 수도 있다.

2020년에 발표된 자료에 따르면, 2018년 이커머스 매출은 같은 해 글로벌 GDP의 30퍼센트를 차지한 것으로 나타났다. 국제 이커머스는 B2B(business-to-business, 기업과 기업 사이의 거래를 기반으로한 비즈니스 모델—옮긴이)와 B2C(business-to-customer, 기업과 고객 사이의 거래를 기반으로 한 비즈니스 모델—옮긴이)를 아울렀고 전체 온라인 소비자의 25퍼센트가 2018년 해외에서 물건을 구매를 했다고 한다. 훗날에는 인터넷 접속률과 스마트폰 보유율이 증가하고 데이터 비용이 감소하는 한편, 팬데믹 이후로 구매자들이 온라인으로 전향함으로써 이커머스 매출은 더욱 증가할 것이며 거래 중 다수는 거대 글로벌 이커머스 플랫폼에서 이루어질 전망이다.

세계화에 침투하는 다국적 '슈퍼스타' 기업

기술과 디지털은 일부 산업의 구조를 변화시키고 과점과 준독점 행태를 확대시키며 글로벌 슈퍼스타 또는 "승자독식" 기업을 양산해 내고 있다. 글로벌 슈퍼스타 기업이란 제약과 소비재, 정보기술 등 모든 산업에 두루 걸쳐 있으며 규모가 가장 크고 수익률도 높은 기업을 두고 하는 말이다. 이들은 2017년 연수입 10억 달러가 넘는 기업이 창출한 수익의 80퍼센트를 확보했으며 1997년에 비해 수익이 1.6배 증가했다. 슈퍼스타 기업은 한 국가에 정주하고 있으나 판매는 전 세계에서 이루어지고 있으며 규모와 영향권의 성장은 곧 세계의 경제 발전으로 이어질 공산이 크다. 글로벌 슈퍼스타 기업의 부상을 뒷받침하는 경제적 변수—높은 고정비용과 낮은 한계비용, 네트워크 및 플랫폼 효과, 머신러닝 등—는 향후 20년 동안에도 사그라지지 않을 전망이다.

향후 20년간 가치 창출을 두고는 빅데이터 및 머신러닝 같은 기술과, 브랜드 같은 추상적 요인이 중요한 변수로 작용하면서 슈퍼스타 기업들의 시장 지배력 또한 증가할 것이다. 슈퍼스타 기업들의 성장은 국가간 경제적 분배에도 영향을 미칠 것이며 기업이 창출한 가치를 본국이 일부 확보하려 하면서 마찰과 불균등한 규제가 이어질 것이다. 정부는 사업 부문을 넘어선 이 기업의 힘—데이터 통제와 정보의 흐름을 포함한—으로 이들을 규제할 것이며 공익사업으로 만들거나 분할시킬 것이다.

지속적으로 확장하는 국영 다국적 기업

중국과 인도, 러시아, 사우디아라비아, 아랍에미리트연방 및 일부 유럽연합 회원국에서 비롯된 국영 다국적 기업SOMNC은 앞으로도 국제무역에 적극 참여할 것이다. 일부 국영 다국적 기업은 국가의 보조금을 받으며 글로벌 경쟁의 판도를 왜곡시킬 수도 있다. 기술 리더십을 둘러싼 경쟁이 과열되면서 중국 기업을 포함한 국영 다국적 기업들은 선발자 우위를 확보·보장받기 위해 국가 지원에 대한 의존도를 높일지도 모른다. 때문에 민간 기업들은 정부의 개입을 위해 로비활동을 벌일 것이다.

아시아로 기우는 판도

지난 40년 동안 글로벌 경제활동의 중심은 지속적으로 아시아를 향해 기울어 왔다. 이는 다른 지역에 비해 높은 경제성장률과 인구와 빈곤 퇴치율을 반영한 것으로 이르면 2030년까지, 늦게는 2040년까지도 지속될 전망이다. 아시아에서 인구가 많은 국가들은 1인당 GDP가 선진국에 뒤진다고 하더라도 2040년에는 최대 경제국으로 거듭날 수 있을 것이다.

지난 40년간 아시아의 기록적인 성장은 아시아와 중위 및 고소득 국가의 라이프 수준에 준하는 결과로 이어졌다. 2020년에는 중국 및 아시아 개발도상국들이 글로벌 GDP에 각각 18퍼센트와 7퍼센트 정도를 기여했다. 옥스퍼드 이코노믹스Oxford Economics는 이러한 추세가 계속된다면 2040년까지 아시아 개발도상국은 글로벌 GDP의 35퍼센트를 차지할 것이며 인도와 중국은 29퍼센트로 가장 큰 기여국이 될 것이라 내다봤다.

AI가 생산성을 높여줄까?

노동생산성의 증가세는 기술이 비약적으로 진보했음에도 지난 20년 동안 대부분 국가에서 감소했다. AI를 비롯한 차세대 기술의 발전이 이러한 트렌드를 뒤집어 놓을 수도 있다.

AI는 향후 20년간 생산성에 중대한 영향을 미칠 것인데 이는 전기와 정보기술 분야의 생산성 향상에 따른 결실이 더디다는 점과 일맥상통한다. 도입 속도도 생산성 향상에 영향을 줄 수 있다. 연구에 따르면, 기업의 70퍼센트가 2030년까지 어떤 식으로든 AI를 도입할 경우 글로벌 GDP는 연간 1.2퍼센트 증가할 것이라고 한다.

어떤 소득이든 국내 혹은 국가들 사이에서는 불평등하게 분배되겠지만 AI발 생산성 향상으로 이득을 본 국가는 더 많은 서비스를 제공하고 국가의 채무를 감소시키며 고령화 비용을 일부 감당할 경제적 기회를 확대해 나갈 것이다.

아시아로 기우는 경제

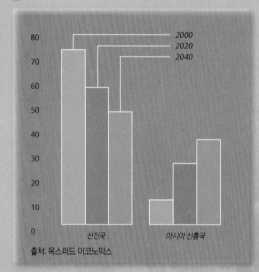

80
70
60
50
40
30
20
10
0

2000
2020
2040

선진국   아시아 신흥국

출처: 옥스퍼드 이코노믹스

세계 GDP 점유율 전망

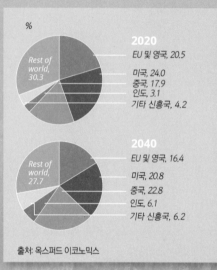

%

2020

Rest of world, 30.3

EU 및 영국, 20.5
미국, 24.0
중국, 17.9
인도, 3.1
기타 신흥국, 4.2

2040

Rest of world, 27.7

EU 및 영국, 16.4
미국, 20.8
중국, 22.8
인도, 6.1
기타 신흥국, 6.2

출처: 옥스퍼드 이코노믹스

아시아로 기우는 경제 활동

2040 인구 순위	2020 GDP 순위	2040 GDP 순위
1 │ 인도	6	↑ 3
2 │ 중국	2	↑ 1
5 │ 인도네시아	16	↑ 8
6 │ 파키스탄	39	↑ 23
8 │ 방글라데시	44	↑ 28
14 │ 필리핀	34	↑ 20
15 │ 일본	3	↓ 4
16 │ 베트남	40	↑ 24

출처: 옥스퍼드 이코노믹스

아시아의 고속 성장으로 2040년에는 인구가 많은 국가들이 세계 대국으로 거듭날 수 있을 것으로 보인다. 예컨대, 인도는 상대적으로 빠른 경제성장—2027년에는 인구 최다국이 되리라 예상—을 통해 세계 3대 국가로 부상할 수 있을 것이다. 또한 세계에서 네 번째로 인구가 많은 인도네시아도 2040년에는 세계 10대 국가 안에 들 수 있을 것이다. 다만 삶의 수준이나 1인당 GDP는 선진국 수준에는 미치지 못할 것이다.

시사하는 의미와 걸림돌

불어나는 국가채무와 복잡한 무역환경, 다양한 글로벌 소통 양상과 일자리 변화로 규정될 미래의 경제 환경은 각 정부의 부담을 가중시킬 것이다. 이로써 경제적 영향력은 민간 기업과 중국이 주도하는 다소 폐쇄적인 국가를 포함한 다양한 주역들로 이동할 것이다.

글로벌 과제에 대한 부담

각 정부는 높은 국가채무와 관련 상환 비용 탓에 글로벌 공공재에 기여하고 글로벌 보건 및 기후변화 등의 공동 과제를 해결하는 데 재정을 투입할 여력이 없어질지도 모른다. 부유한 국가들은 보건 지원 프로그램의 예산을 삭감하거나, 빈곤 국가의 인구 증가로 원조를 확대할 수 없게 될 것이다. 투자가 감소하면 탄소 배출 저감 조치가 지연될 수 있고 선진국들이 개발도상국에 적응 기금을 제공하겠다는 공약에서 손을 뗄 수도 있다. 더딘 성장과 높은 부채는 기후변화의 영향에 취약한 일부 정부가 극단적인 기후현상으로부터 인프라와 공동체를 보호하기 위한 적응 조치에 투자할 여력을 잃게 만들 수도 있을 것이다.

경제성장을 촉진시키는 플랫폼

이커머스 플랫폼들은 국경을 초월하여 고객과 기업을 연결시킴으로써 세계화를 지탱할 뿐 아니라 국내 기업과 고객들을 위한 장터를 제공함으로써 국내 기업의 성장도 촉진시킬 수 있다. 이커머스 플랫폼의 부상은 전통적으로 경제성장과 일자리 창출에 큰 기여를 해 왔던 중소기업의 성장에도 보탬이 될 수 있다. 이러한 중소기업들은 종종 자금난을 겪기도 하지만 이커머스 플랫폼 기업들은 저렴한 고객 유치 비용으로 대규모 시장에 입점시켜 비용절감과 자금증대 및 고속성장을 가능하게 해준다. 개발도상국과 신흥국에서는 이러한 플랫폼들이 진입장벽을 낮추고 원활한 자금조달을 도모하며 지하경제를 양성화하는 경로를 제공할 수 있다. 플랫폼 기업에 대한 강력한 규제는—특히 무역 장벽을 세우려는 국가들이 실시하는—이득을 감소시킬 수 있다.

국제경제 거버넌스에 대한 과제

규모는 크지만 여전히 개발도상에 있는 국가들의 수효와 이들의 상대적인 경제적 영향력은 향후 20년 동안 증가할 전망이다. 중국을 위시한 이 국가들은 경제 관련 국제기구의 방향에 대해 좀더 큰 영향력을 요구할 것이며 선진국의 이익과 상충될 수도 있는 방식으로 자국의 경제적 이익을 반영하도록 기준과 규범을 수정할 것이다. 아울러 이 국가들은 총체적으로 규모는 크지만 1인당 GDP 기준으로는 개발도상국으로 간주되어 IMF와 세계은행 및 WTO의 우대 혜택을 받을 수 있다는 점도 마찰요인으로 봄직하다. 이러한 긴장 관계는 미래의 방향을 조성하는가 하면 국제기구의 효율성을 저해할 수도 있으며 결국에는 유사한 기구가 난립해 국제경제의 규정에 대한 개도국의 영향력은 증대될 것으로 보인다.

구조적인 변수

기술

핵심 포인트

- 다가올 20년 동안 기술 발전의 속도와 영향력이 증대되고 인간의 경험과 역량도 변화·개선됨으로써 고령화와 기후변화 및 낮은 생산성 등의 문제를 해결하는 능력은 강화될 것이다. 아울러 사회와 산업과 국가는 긴장 국면에 접어들며 서로 분열될 것이다.

- 향후 몇 십 년 동안에는 인재와 지식과 시장 등 기술우위의 핵심 요소를 둘러싼 국제경쟁이 심화되어 새로운 기술 리더나 헤게모니의 등장으로 이어질 것이다.

- 기술우위를 둘러싼 경쟁은 점점 복잡해지는 지정학과 거시적인 미중 경쟁 구도와도 긴밀하게 얽혀있으나 기술우위는 장기적인 안목과 자원과 글로벌 공급망을 갖춘 국가들이 강화해 나갈 전망이다.

- 스핀오프 기술(한 분야의 기술이 다른 분야로 전파되는 것-옮긴이)과 응용기술(애플리케이션)은 빠르게 도입될 것이다. 이를 통해 개도국도 최신 핵심 기술을 발전시키고 틈새 영역에서 세계적인 애플리케이션을 개발함으로써 글로벌 공급망에 기여할 수 있을 것이다.

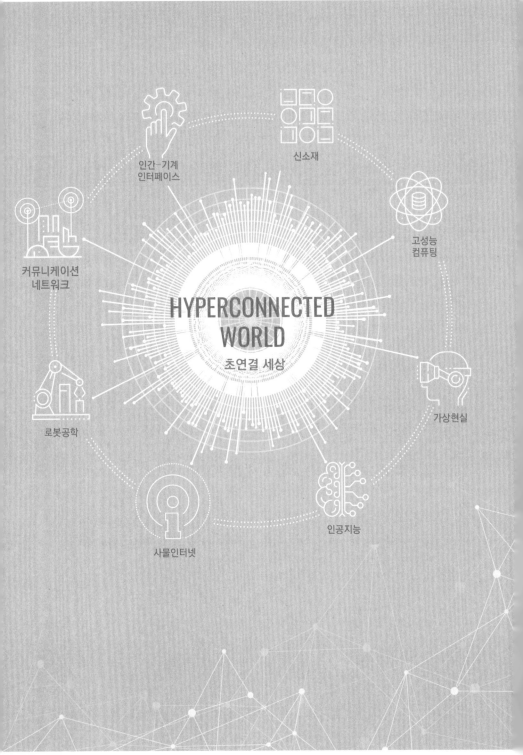

인간-기계
인터페이스

신소재

고성능
컴퓨팅

커뮤니케이션
네트워크

HYPERCONNECTED
WORLD
초연결 세상

가상현실

로봇공학

인공지능

사물인터넷

"

서로 무관해 보이는 영역이 점차
통합하고 우위를 창출·선점하려는
글로벌 경쟁이 고조되면서 첨단기술에
속도가 붙고 있다.

기술의 동향과 의미를 폭넓은 시각으로 평가하기란 어려운 일이다. 타임라인도 불명확하고 기초과학에서 혁신적 활용까지의 경로도 분간하기 힘든 데다, 기술과 광범위한 의미 사이의 연결고리 또한 간접적이고 복잡다단하기 때문이다. 새로 떠오르는 기술은 윤리와 사회 및 안보에 대한 문제—인간의 존재와 인간이 환경에 미치는 영향 및 인정할 수 있는 전쟁의 범위에 이르기까지—를 제기할 것이다.

떠오르는 기술 트렌드

다수의 트렌드가 향후 20년간 기술의 외관을 바꾸어 놓을 것이다. 물론 신기술이 획일적으로 혹은 예측 가능하게 등장하지는 않겠지만 일부는 공통적인 동력과 역학을 공유할 것이다. 서로 무관해 보이는 영역이 점차 통합하고 우위를 창출·선점하려는 글로벌 경쟁이 고조되면서 첨단기술에 속도가 붙고 있다. 기술 지식을 분산시키고 특정 기술 솔루션에 유리하도록 표준을 공격적으로 설정하며 제품 개발 시간이 더욱 짧아지는 등은 잘못된 선택이긴 하나 경쟁에서 우위를 차지하고 장기적인 전략과 신속한 의사결정을 유인하는 자극제가 될 것이다.

혁신을 자극하는 과학적 통합

무관해 보이는 과학 연구 영역과 응용기술이 통합되면 신규 애플리케이션은 신속한 발전은 물론이거니와 실용성과 유용성도 갖출 수 있을 것이다. 예컨대, 스마트폰은 전자공학과 안테나, 신소재, 배터리, 원격통신망, 사용자 인터페이스 부문에서 이루어진 수십 년 동안의 기초연구와 개발을 토대로 등장할 수 있었다. 2040년에는 사회·행동 과학에 대한 이해를 기반으로 AI와 초고속 원격통신 및 생명공학 등의 기술적 통합이 확대되어 개별 부분의 총합보다 더 큰 진보와 사용자 맞춤형 애플리케이션이 가능해질 것이다. 결론적으로 이러한 기술 플랫폼은 시장 진입 장벽을 낮추며 신속한 혁신을 위한 기반을 제공할 것이다.

우위를 둘러싼 경쟁의 심화

기술우위를 둘러싼 경쟁은 지정학과 긴밀하게 연결되어 있고 중국의 부상과 관련된 포괄적인 정치·경제·사회적 경쟁 구도와도 관계가 깊다. 인재의 집중과 기초지식 및 공급망 등 광범위한 기술 리더십을 유지하기 위한 자원을 축적하려면 수십 년 동안의 장기적 투자와 선구안적인 리더십이 필요하다. 지금 그러한 자원에 집중하고 있는 주체가 2040년에는 기술 분야의 리더가 될 것이다. 개방 국가에서 볼 수 있는 민간 부문의 노력과 정부, 민간 기업, 연구 프로그램 간의 파트너십의 조합은 정부가 주도하는 국가와 경쟁하게 될 것이다. 정부주도형 국가는 데이터 접속을 비롯하여, 자원을 활용하고 집중시키는 데는 우위를 차지할 수 있겠으나 좀더 개방적이고 창의적인 경쟁 환경이 주는 장점은 부족하지 않을까 싶다.

전 세계로 확산되는 기술

스핀오프 응용기술은 전 세계 거의 모든 지역에서 신속하게 도입되는 경우가 많으며, 개도국들이 최신 기술을 활용하거나 틈새시장 내에서 글로벌 애플리케이션을 개발하거나, 혹은 비교적 선진화된 국가의 공급망에 진입할 수 있게 해준다. 많은 국가들은 앞선 과정에 속도를 붙이며 이를 활용하려들 것이고, 실리콘 밸리를 모방한 현지 대안이나, 예기치 못한 곳에서 등장하는 신규 애플리케이션으로부터 신기원을 이룰 듯한 생명공학기술 인큐베이터 등에 집중 후원할 것이다.

단축되는 타임라인

기술의 개발과 투입, 성숙 및 퇴조 주기는 수십 년에서 수년으로 단축되고 있으며 좀더 앞당겨지고 있는 추세다. 기업과 국가 등, 첨단 기술의 최전선에 있는 주역들 다수는 다른 경쟁주체가 첫 삽을 뜨기도 전에 신기술을 도입하고 활용할 수 있을 것이다. 개도국을 비롯한 추격자들은 성급한 기술 도입의 압력으로 그 의미를 완전히 이해하지 못한 탓에 가망이 없는 기술에 투자하거나 속절없이 뒤쳐질 수도 있다. 새롭게 발전하는 기술을 두고는 계획경제 국가가 신속히 대응할 수는 있지만 기술의 다양성과 효율성을 어느 정도는 포기해야 할 것이다.

전환을 선도하는 기술

기술은 예측할 수 없는 경로를 통해 발전하고 예기치 못한 어려움과 발전을 거치며 형성되지만 일부 기술 영역은 혁신적인 발전에 대한 잠재력을 가지고 있으며 몇 십 년 후의 신기술이 가져올 결과를 제시할 것으로 보인다. 앞으로는 기술 분야의 리더와 상의하여 선정된 AI와 생명공학기술, 신소재 및 제조업을 다루면서 미래의 초연결 국가를 만드는 데 필요한 신기술의 개인·집단적 편익과 리스크를 강조할 것이다. 이 분야가 발전한다면 에너지 저장 등의 기술과도 결합되어 사회와 경제 및 권력의 성향까지 바꾸어 놓을 수 있을 것이다.

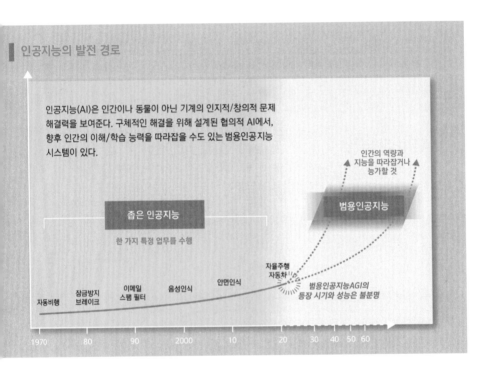

인공지능의 발전 경로

인공지능(AI)은 인간이나 동물이 아닌 기계의 인지적/창의적 문제해결력을 보여준다. 구체적인 해결을 위해 설계된 협의적 AI에서, 향후 인간의 이해/학습 능력을 따라잡을 수도 있는 범용인공지능 시스템이 있다.

인간의 역량과 지능을 따라잡거나 능가할 것

범용인공지능

좁은 인공지능

한 가지 특정 업무를 수행

자율주행 자동차

범용인공지능AGI의 등장 시기와 성능은 불분명

자동비행　　잠금방지 브레이크　　이메일 스팸 필터　　음성인식　　안면인식

1970　　80　　90　　2000　　10　　20　　30　40　50　60

주류로 자리 잡는 AI

인공지능AI은 인간이나 동물이 아닌 기계의 인지적·창의적 문제 해결력을 보여준다. 구체적인 해결을 위해 설계된 좁은 AI에서, 향후 인간의 이해·학습 능력을 따라잡을 수도 있는 범용인공지능 시스템이 있다. 2040년께는 AI 응용기술이 다른 기술과 결합되어 의료 서비스를 비롯하여 안전하고 효율적인 수송과 맞춤형 교육, 개선된 업무용 소프트웨

어 및 작황 등, 일상의 모든 영역에 편익을 가져다 줄 것이다. 전 세계 정치 및 비즈니스 리더는 인재 유치에 힘쓰고 있으며 AI 최초 도입을 통해 사회와 경제뿐 아니라 심지어 전쟁의 양상까지 변화시키기 위해 AI 개발에 재원을 쏟아 붓고 있다. 고품질 데이터와 연산 능력 및 초고속 통신 링크의 개선을 바탕으로 가능해진 AI는 지도자들이 발전에 뒤쳐지지 않는 동시에 개인정보나 자유에 대한 위협 등의 악재를 완화시키는 한편 이익을 취해야 하는 문제에 직면하게 만들고 있다.

많은 AI 신기술이 전 세계적으로 확산될 것이나 AI를 지원·개발·도입할 수 있는 국가들은 이익을 균등하게 확보하진 못할 것이다. 특히 전쟁 분야에서 AI가 광범위하게 도입된다면 의도적으로 남용하거나 의도치 않게 개입하거나 전쟁이 격화되는 등, 리스크도 커질 전망이다.

변모하는 산업과 고용

AI는 새로운 직업을 창출하는 동시에 일부는 소멸시키면서 대대적인 경제·사회적 재분배를 야기해 거의 모든 산업과 글로벌 노동력에 큰 변화를 불러일으킬 것이다. 미래의 직업 중 다수에는 인간과 기계의 협력이 일상이 될 것이다. 국가 및 기업들이 실업률을 완화시키는 동시에 AI의 장점을 활용하기 위해서는 교육과 인력 재교육에 집중해야 할 것이다.

데이터가 갑이다

미래의 AI 기반 산업과 조직은 효율적이고 경쟁력 있는 경영을 위해 다량의 데이터가 필요할 것이다. 이미 현재 데이터를 취득·분류·보관 및 수익화하기 위해 투자하고 있는 기관과 기업 및 국가는 우위를 차지할 것이다. 2040년에 이용하게 될 전례 없는 양의 데이터는 귀감과 역량이 되겠지만, 데이터의 접속과 개인정보 보호, 소유권 및 통제 등을 경쟁과 분쟁의 화두로 부각시킬 것이다.

돌이켜 본 보안과 개인정보

개인이 애플리케이션을 사용할 때 더 많은 개인정보를 제공하고 추적이 보편화되면 개인정보에 대한 현재의 개념은 지속적으로 달라질 것이다. 독재 정권들은 자국민을 감시·통제하기 위해 방대한 데이터를 남용할 가능성이 높다. 게다가 많은 기업과 조직 또한 맞춤형 마케팅을 개선하거나 특정 주장을 개진하기 위해 동영상을 조작하거나 딥페이크deep fake와 같은 수단을 활용할 것이다. 최근 떠오르고 있는 AI 애플리케이션도 결과를 왜곡하기 위한 데이터 조작의 도구가 될 수 있다.

자율성의 윤리

AI의 개발과, 의사결정 과정에서 인간이 개입하는 수준은 윤리적 문제를 야기할 것이며, 윤리적 의무에 대한 세인의 시각은 천차만별일 공산이 크다. 또한 AI의 불투명한 의사결정으로 의도하지 않은 편향성과 차별, 혹은 예측하지 못한 결과로 이어지거나 의도적으로 오도할 가능성도 높아질 것이다. 당사자들의 신뢰와 확신은 투명하고 분명한 의사결정력을 지닌 신뢰 가능한 AI 발전에 협력해야 가능할 것이다. 많은 국가들이 개인정보 활용을 두고 엄격한 법률을 제정하겠지만 이러한 법률이 AI와 공존할 수 있을지는 논란의 여지가 있을 것이다.

AI로 강화된 전쟁

AI를 군사체제에 도입한 국가들은 우위를 차지하게 될 것이다. AI는 물리전이든 사이버 전쟁이든 기존의 무기와 방어 및 안보 시스템의 성능을 강화할 것이다. 동시에 AI의 의사결정을 무효화하거나 혼란을 주기 위해 설계된 반反AI 기술도 등장할 것이다.

스마트 소재와 제조업이 신세계를 창조하다

2040년에는 신소재 분야가 발전하고 스마트 제조업이 이에 결합되어 비용은 감소하고 성능은 향상되며 공급망도 달라지는가 하면 전혀 새로운 디자인 옵션도 가능해지기 때문에 소비재부터 최첨단 군사체제에 이르는 모든 것의 생산이 재편될 것이다. 우리가 진입하고 있는 급속한 변화의 시기는 종종 제4차 산업혁명이라 부르는데, 이는 전통 산업과 일자리, 공급망 및 사업 모델을 교란시키는 동시에 삶의 수준을 향상시킬 잠재력 때문일 것이다.

신소재 및 제조업은 오랜 선순환 속에서 긴밀하게 맞물려 왔다. 하나의 발전이 다른 하나의 발전에 원동력이 되어 온 셈이다. 이 선순환만으로도 향후 수십 년 동안 발전이 지속될 수 있겠지만 고성능 연산과 신소재 모델링, AI, 생체소재 등에서의 통합적인 진보를 기반으로 발전은 더 가속화될 전망이다. 또한 강화된 연결성으로 진보의 결실은 전 세계적으로 분배·이용되며 발전을 보완할 것이다.

다양한 디자인 옵션

흔히 3D 프린팅으로 알려진 적층제조(additive manufacturing, AM)는 티타늄에서 폭발물까지 점점 더 다양한 소재 생산에, 소규모의 전문성이 낮은 시설에서까지 활용되면서 전 세계의 소기업과 개인에게 선진적인 제조 능력을 제공하고 있다. 일부 기술적 장벽과 신뢰성 문제는 존재하지만 적층제조로 신속한 시제품화와 고도화된 맞춤형 부품, 현장 생산, 그리고 기존에는 불가능했던 모양도 생산이 가능해지면서 현대 제조업의 새로운 혁명을 선도하고 있다.

실시간 대응

전산 모델링과 머신러닝을 비롯한 정보 시스템의 발전이 산업용 사물 인터넷과 고등 로봇공학과 같은 고급 물리 시스템과 결합하여 공장과 공급망 및 수요의 변동 상황에 실시간으로 대응할 수 있는 통합·협력 제조 시스템이 가능해질 전망이다.

필요한 것을 디자인하라

오늘날 신소재는 대규모 생산 소재에서 맞춤형 제품에 최적화된 소재와 공정으로 혁신적 변화를 겪고 있다. 적층제조와 결합된 '디자인별 소재'는 항공기에서 휴대폰에 이르는 모든 사물을 좀더 강하고, 가볍고, 내구성 있게 제작하는 데 큰 보탬이 될 것이다.

필요한 것을 조립하라

향후 몇 십 년 동안은 과거에는 구현할 수 없었던 성질을 지닌 신소재 개발이 진전을 이룰 것이며, 이를 통해 많은 애플리케이션이 이전에는 가능하지 않았던 수준의 성능을 갖게 될 것이다. 2차원 소재와 메타소재 및 프로그램이 가능한 물질은 기존과는 다른 견고성과 유연성과 전도성 등의 성질을 띠며 새로운 애플리케이션의 장을 열 것이다.

신속한 혁신을 실현할 생명공학기술

자동화와 정보 및 신소재 과학에서의 발전을 기반으로 생물학적 시스템을 조작할 수 있는 능력이 강화되었다. 이는 의료와 농업, 제조업 및 인지 과학에서 유례없는 혁신을 촉진하고 있다. 2040년에는 생명공학의 혁신으로 질병과 빈곤과 석유 의존도가 낮아질 것이며 환경과 인간의 상호작용과 인간의 소통 방식도 달라질 것이다. 각 사회는 이러한 발전을 활용하는 동시에 유전자 조작 농산물과 식품 등, 기술을 둘러싼 시장과 규제, 안전 및 윤리적 문제를 해결해야 할 것이다.

생명공학은 향후 20년간 경제성장을 견인하는 원동력이 될 전망이며, 전체 GDP 대비 바이오경제 성장률을 기준으로 볼 때 2040년까지 전 세계 농업 및 제조업 분야에서 경제활동의 약 20퍼센트에 영향을 미칠 것이다. 2019년 미국은 바이오경제 규모를 매년 1조 달러, 혹은 총 경제 규모의 5.1퍼센트라고 추산했다. 바이오경제에 대해 더 포괄적인 정의를 채택한 유럽연합과 UN의 2017~19년 예측에 따르면 생명기술의 유럽 경제 기여도는 약 10퍼센트를 차지했다.

초연결성으로 통합·분열된 사회

2040년께는 매우 다양한 규모의 기기와 데이터 및 소통으로 정치·사회의 경계를 넘나들며 삶의 모든 측면을 연결할 것이다. 속도가 증가하고 접근성이 전 세계로 확대되면서 국가와 기업 및 개인은 한때 부유한 국가에 한정되었던 서비스와 자원을 이용할 수 있게 될 전망이다. 이 같은 초연결 세상은 이미 목전에 두고 있는 미래다. 차세대 네트워크와 영구 센서를 비롯한 수많은 기술은 수십억 개의 연결된 기기를 지닌 글로벌 시스템에 융합될 것이다. 예컨대, 오늘날 도처에 존재하는 CCTV는 광센서 등의 센서와 AI의 결합으로 세인과 자동차 및 인프라를 감찰할 수 있는 미래의 스마트 시티로 이어질 것이다.

첨단 생명공학 응용기술의 장단점

장점 ☆	응용기술	단점 ⚠
오진 급감과 의료 성과 개선	**디지털 의료/맞춤형 의약품** 유전자 염기서열 분석, 진단, 원격모니터링에 필요한 데이터 조합을 위해 AI를 활용한 맞춤형 치료	비용이나 위치로 인한 접근 불균형 개인 의료 데이터 남용 또는 조작
더 신속하고 효과적인 치료	**주문형 의약품 생산** 약물 설계 및 생산의 개선과 함께 세포와 유전자기반 요법으로 질병에 더 신속하게 대응	개도국 대 선진국 간 연구개발 우선순위 논쟁
장기이식 및 치료 시 지연과 거부반응 개선	**바이오 프린팅과 이종장기이식** 적층제조를 활용한 검사나 조직 대체를 위한 생물학적 기관 생산 및 인간 이식용 동물 장기배양	높은 초기개발비용으로 접근 불균형
유전질환 급감	**생식공학** 유전자 기술을 활용하여 다양한 특성과 역량을 지닌 대아를 선택/수정	활용에 관한 윤리/사회적 분열 접근 불평등
신경 질환에 대한 새로운 치료제 강화된 인지와 지각	**컴퓨터/인간 인터페이스** 인지 프로세스의 기계적 증강	증강과 비증강 사이의 갈등 사이버/바이오 관련 취약성
신소재 및 의약품 설계 및 생산의 속도와 신뢰도 개선	**바이오제조업** 강화 소재나 특수 소재, 의약품 및 식품의 바이오 디자인 및 생산	남용 가능성의 증가 인력 구조조정
신종 분자와 신소재 및 신규 치료제의 신속한 생산	**합성 유기체** 유전자 조작 유기체와 생물학적 프로세스가 신소재 및 의약품을 창출	무기로 쓰거나 실수로 남용 알려지지 않은 환경오염
불모지의 생산성 개선 인재나 자연재해 완화	**환경 복원** 생물공학과 재식림 및 해양공학을 통한 대규모의 생태학적 개입은 손상된 환경을 창출하거나 조작하거나 혹은 구제한다	의도하지 않은 환경 및 건강상의 피해가 전 세계로 확산
장기적인 데이터 저장을 위한 무제한 용량	**DNA기반 데이터 저장** 데이터를 암호화하고 저장하기 위한 DNA	장기적인 소셜 모니터링
저렴하고 영양가도 높으며 환경의 피해를 덜 받은 품종을 다양하게 생산	**변모한 영농 및 농산물 생산** 자동화된 정밀 생산 공정과 통합된 작물/가축 시스템은 유전자 조작 유기체를 사용	생물의 다양성 감소 유전자 조작에 대한 사회적 긴장 인력과 공급망 혼란

우주산업과 경쟁을 부추기는 신기술

2040년 우주산업에서는 신흥기술과 현 기술이 결합해 상업화를 가속화하고 새로운 응용분야를 도입하게 될 것이다. 통신과 내비게이션 및 위성이미지 같은 서비스는 개선된 성능에 가격은 낮아지고 효율성은 향상되어 좀더 보편적으로 제공될 것이다. 정부와 민간 주체의 노력으로 미국과 중국 간의 우주 경쟁은 새로운 분야를 창출할 것으로 보인다.

우주 탐사의 확산
2040년에는 국제공조의 일환으로 더 많은 국가가 우주탐사에 참여할 것이다. 이들은 명성과 과학기술의 발전 기회와 혹시 모를 경제적 이득을 확보할 수 있을 것이다. 대규모 우주탐사 활동을 지원하는 자금의 일차적 재원은 정부가 마련하지만 민간 주체의 역할도 우주탐사 대부분의 영역에서 크게 확대될 전망이다. 민간부문의 노력도 정부가 지원하는 우주계획과 공존·협력하면서 우주기술을 발전시켜 나갈 것이다.

중국_우주 강국으로 부상하다
2040년 중국은 우주 분야에서 미국의 가장 큰 경쟁국으로 등극할 것이며 양국은 상업과 민간, 군사 부문에서 경쟁을 벌일 것이다. 중국은 미국과 유럽과는 독자적인 개발 경로를 추진하며 자국이 주도하는 활동에 해외 파트너도 참여할 전망이다. 베이더우 위성항법 시스템과 같은 중국의 우주 서비스 또한 서양 기술의 대안으로 전 세계에서 사용될 것이다.

정부와 군 당국을 지원하는 우주 기술

보강된 우주 서비스와 신기술은 시민 정부나 상업적 목적 뿐 아니라 군사적으로도 활용될 것이다. 각 정부는 갈등 상황에서 상업 혹은 해외 우주 서비스 제공이 거부될 수 있다는 점을 우려하기 때문에 국가적 우주 자산을 확보하고자 노력할 것이다.

일상적인 위성활동

2040년에는 각 정부가 높은 수준의 자율성과 적층제조를 기반으로 가능해진 일상적인 위성 서비스와 조립 및 제조를 실시하면서 국가의 우주 시스템과 국제공조를 지원할 것이다. 민간 기업들은 수리와 원격조사, 재배치, 연료 재공급, 폐기물 제거 등의 위성 서비스를 제공할 것이다. 이러한 서비스는 위성의 업그레이드나 기능적 수명 연장을 위해 활용될 것이며 규모가 매우 크고 복잡한 도구와 같은 신형 우주 구조물의 등장을 가능하게 해줄 것이다. 하지만 산업을 창출하는 데는 정부의 지원이 필요할 수도 있다.

우주로 간 AI

AI는 대규모 군집위성satellite constellations의 운영과 우주의 상황 파악 능력에 도움을 주어 우주 서비스의 혁신을 가능하게 할 뿐 아니라, 초연결 우주와 지상 시스템이 일부 가동되어 끊임없이 대량 수집된 고품질 데이터를 융합·분석하는 작업을 지원할 것이다.

일부 예측에 따르면, 초연결 시대의 전조인 사물인터넷은 2018년 1000억 개에서 2025년까지 6400억 개의 사물로 확대될 것이며 전부 실시간으로 모니터링할 수 있다고 한다. 초연결 세상에서는 차세대 5G 모바일 네트워크의 도입으로 1제곱킬로미터 당 연결 가능한 기기 수는 현재 네트워크에서 가능한 60,000개에서 100만 개로 증가할 것이며 더 빠른 네트워크도 등장할 전망이다. 센서 네트워크도 보편적인 것으로 자리 잡을 것이다. 2020년에는 200억 개가 넘는 기기가 운영 중이었는데 새로운 지상 네트워크에 우주 기반 서비스까지 합쳐져 수천억, 혹은 수조 개의 기기들이 전 세계적으로 연결될 것이라 전망하고 있다.

가속화된 사회 변화

개인의 일상과 직장에서의 삶이 글로벌 네트워크로 추적될 수 있는 상황에서 개인정보와 익명성은 선택이나 정부의 권한으로 사실상 사라질 수 있다. 실시간 조작되거나 합성된 미디어는 진실과 현실을 계속 왜곡시킬 것이며 거짓정보가 야기하는 사회 불안정은 범위와 속도가 현 수준을 능가할 것이다. 디지털 감시를 통해 추적되고 특정할 수 있는 범죄는 빈도수가 줄어들 것이나 신종 범죄 혹은 새로운 행태의 차별이 등장할 수도 있다.

새로운 사이버 보안 패러다임

연결성이 진화함에 따라 서로 연결된 개인과 기관 및 정부의 취약성도 심각해질 것이다. 수천억 개의 연결된 기기들은 사이버·물리적 공격의 표면적을 넓히기 때문이다. 아울러 점점 세계화되는 웹상에서 국경에 기반한 사이버 보안 강화는 점점 중요성을 잃게 될 것이다.

기술 진화의 넓은 의미

신기술은 광범위한 인간의 경험과 역량을 개선시키지만 적어도 단기적으로는 기존의 시스템과 사회적 관계에 혼란을 초래할 수 있다. 이때 개인과 공동체 및 각 정부는 새로운 삶과 노동과 경영 방식을 모색하며 적응해 나가야 할 것이다. 모든 변혁이 그러하듯, 어떤 이는 번성할 것이고 어떤 이는 고전하며 불평등과 불균형이 심화될 수도 있다. 신흥 기술만이 앞으로 언급할 상황에 책임이 있는 것은 아니지만 이를 악화시키고 부추길 가능성은 높다.

신속한 문제 해결

전 세계가 앞다투어 코로나19 백신을 개발하려는 노력에서 알 수 있듯이 기술은—종종 새롭고 창의적인 방식으로 통합된다—위기사태를 해결하기 위해서는 기존의 방식을 벗어나 속히 응용될 수 있다. 효과적인 코로나19 백신이 이례적으로 발빠르게 개발될 수 있었던 것도 수십 년간 의학에 쏟아 부은 기초투자 덕분이었다. 기후변화와 같이 수십 년 동안 진행된 문제 또한 더 큰 이슈 중 일부를 다루는 기술 솔루션을 결합하면 완화될 수 있을 것이다.

지정학적 세력으로서 기술

미국은 오랫동안 연구와 혁신 및 개발에 투자함으로써 기술을 국력의 도구로 선용해 왔다. 향후 수십 년 동안에는 인재와 지식과 시장 등, 기술우위의 핵심 요소를 둘러싼 글로벌 경쟁이 심화된다면 2030년대에는 새로운 기술 리더나 패권hegemonies이 등장할 수도 있다. 복잡다단한 국제 공급망과 세계적으로 확산된 혁신, 그리고 지정학적 경쟁주체들의 투자는 각국이 저 나름의 목표를 위해 일방적으로 기술을 사용하는 데 걸림돌이 될 수 있을 것이다. 중차대한 국제협력과, 다가올 시대를 규정할 다면적 경쟁 및 갈등이 등장할 환경이 조성되고 있다.

사회적 긴장 악화

기술 변화의 속도는 적응을 위한 여건과 능력과 의지가 있는 사람과, 변화를 수용할 수 없다거나 이를 원치 않는 사람 간의 긴장을 고조시킬 수 있다. 기술의 급속한 확산과 도입으로 일부 개인과 지역사회 및 국가가 급속한 발전을 이루는 동안 속절없이 뒤처지는 편도 생길 것이므로 국내 및 국가간의 불균형이 악화될 수 있는 것이다. 기술의 도입 또한 윤리적인 성숙과 규제보다 빠르게 이루어질 수 있는 탓에 지속적이고도 심각한 사회적 불안과 정치적 분열을 초래할 수 있다. 이러한 긴장은 딥페이크 같이 조작된 AI 메시지 활용으로 더욱 증폭될 것이다.

복잡해지는 정부·기업 관계

투자와 연구 및 개발을 위한 민관 협력은 기술혁신과 우위를 차지하는 데 필수적이었지만 기업의 핵심 이익과 국가의 이익이 자연스럽게 일치하는 것은 아니다. 규모가 큰 테크놀로지 기업들은 자원과 세력의 범위와 영향력이 일부 국가에 맞먹거나 심지어는 이를 능가하는 수준으로 확대되고 있다. 기술 통제와 우위 및 국가안보라는 국익은 글로벌 시장 점유율 확대와 이윤 증대라는 기업의 이익과 상충될 수 있다.

산업과 일자리의 변혁

첨단 제조업과 AI 및 생명공학 분야의 발전 등, 기술 변화의 속도는 제조업과 글로벌 공급망의 변혁을 재촉해 일부 생산 방식과 일자리를 없애고 공급망과 시장의 거리를 좁힐 수 있다. 공급망이 변하면 상대적으로 발전이 늦은 국가들은 과도한 피해를 겪는 반면, 수많은 일자리는 개선된 기술이나 재정비된 기술을 지닌 노동력을 필요로 할 것이다.

거버넌스 활성화와 자유·개인정보의 침해

기술이 집약된 초연결 미래에는 리더와 정부가 국민을 감찰할 수 있는 새로운 도구를 갖게 될 것이다. 그러면 서비스와 보안이 개선되는 동시에 더 효과적인 통제수단도 겸비하게 된다. 사람들이 소통하고 집결하고 건강을 점검할 수 있게 해주는 기술이 정부와 민간 부문에 제공하는 데이터 량이 점차 증가하고 있다. 특히 권위주의 정권은 법 집행과 보안 유지를 위해 이례적으로 감찰을 실시할 것이다. 이때 당국은 시민을 추적하고 익명인을 밝히는가 하면 개인을 겨냥할 가능성도 있다.

개방성에 대한 논쟁 가열

초연결 세계에 대한 전망은 개방적으로 연결된 네트워크의 장단점을 두고 국내외에서 논쟁과 분열을 부추길 것이다. 글로벌 네트워크의 상호연결성이 심화됨에 따라 격리되거나 폐쇄적 체제는 유지하기가 어려워질 수 있다. 행여 인터넷 자체를 차단하려 한다면 폐쇄적 체제를 글로벌 경제로부터 아주 단절시키고 말 것이다.

실존하는 위협

기술 발전으로 실존하는 위협의 종류와 빈도가 증가할 수도 있다. 세계적으로 생명체에 피해를 입히는 위협은 잠재적인 범위와 규모가 인간의 능력으로는 상상하거나 이해하기도 벅찰 지경이며 생존을 위한 탄력적인 전략resilient strategies을 요구하고 있다. 기술은 실존적인 위협—폭주하는 AI나 설계된 전염병, 무기화된 나노 기술, 혹은 핵전쟁 등—의 발생과 경감에 중요한 역할을 한다. 확률은 낮지만 심대한 영향력을 가진 위협은 예측하기 어려울 뿐 아니라 대비에 막대한 비용이 투입되지만 잠재적 위험을 미리 파악하고 완화 전략을 개발한다면 외인적 충격에 대해 어느 정도는 회복할 여력이 생길 것이다.

PART 2

GLOBAL 2040
TRENDS

A MORE CONTESTED WORLD

떠오르는 변수

인구를 비롯하여 환경과 경제 및 기술 트렌드가 무대를 장식하는 동안 향후 20년의 이야기는 주로 사회와 국가 및 국제사회에서 내려진 선택으로 기록될 것이다. 각 무대에서 떠오르는 변수는 열띤 논쟁과 경쟁을 암시한다. 사회의 응집력과 각 지역 국가들의 회복력 및 국가가 소통하는 방식이 개인과 정책의 선택을 결정할 것이다.

수많은 국가를 살펴보면 사람들은 대개 미래를 비관하고 지도자와 기관이 혼란스런 경제·기술·인구 트렌드에 대응하지 못하거나 그럴 의지가 없다는 이유로 불신이 점차 고조되고 있다. 이에 사람들은 안정과 공동체를 위해 민족·종교·문화적 정체성 등, 친숙하고 비슷한 생각을 가진 집단뿐 아니라 이익과 명분을 둘러싼 집단도 결성되고 있다. 각 공동체는 분열과 갈등이 더욱 고조되고 있어 상충하는 비전과 목표와 신념이 정부의 부담을 가중시키고 있다.

아울러 각 정부는 거세지는 압력과 자원 부족으로 고전하고 있으며 초연결과 기술진보 및 다양성이라는 글로벌 과제에 대처하는 데 버거움

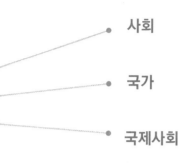

사회

국가

국제사회

을 느끼고 있다. 그 결과, 복지와 안보를 둘러싼 대중의 요구와 정부의 역량이 서로 부합하지 않아 정치적 불안과 민주주의의 위기를 암시하는 전조가 될 수 있다. 충족되지 않은 욕구와 기대로 거버넌스와 안보 및 서비스를 제공하는 시장이 확대되어 비정부기구와 교회 및 기업, 심지어는 범죄조직까지 이에 가담하고 있다. 거버넌스 문제에 적응하는 국가는 신뢰와 정당성을 재구축하는 데 유리한 입지를 차지할 것이다.

향후 20년 동안 국제사회의 권력은 확대되는 기술력과 네트워크 및 정보력이 기존의 군사·경제력을 보완하면서 좀더 광범위한 변수와 특색을 담게 될 것이다. 미국과 중국의 경쟁은 향후 수십 년간의 지정학적 환경에 대한 변수를 설정, 제3 주체들에 더 엄중한 선택을 강요할 가능성이 있다. 각국은 이러한 다양한 힘의 원천을 활용하여 국제규범과 규정 및 제도를 회피하려 할 것이다. 선진국과 비국가적 주체는 각 지역에서 더 큰 영향력을 행사할 것이며 강대국이 방치하던 분야에서 주도권을 잡으려 할 것이다. 국제규정 및 규범을 둘러싼 경쟁이 과열되고 검증되지 않은 군사기술력이 발전한다면 글로벌 다자주의가 훼손되고 글로벌 과제와 이를 해결하기 위한 제도적 장치가 서로 어긋나면서 갈등이 고조될 공산이 크다.

▌떠오르는 변수

사회_환멸·정보·분열

핵심 포인트

- 사회는 급속도로 달라지지만 복지와 경제성장은 둔화된 탓에 사람들 대다수는 미래를 비관하며, 부패하거나 무능한 기구와 정부를 불신하고 있다.

- 사람들은 안정과 공동체를 위해 민족·종교·문화적 정체성 등, 친숙하고 비슷한 생각을 가진 집단뿐 아니라 이익과 명분을 둘러싼 집단도 결성되고 있다. 각 공동체는 예전보다 두각을 나타내고 있으며 갈등을 일으키는가 하면 비전과 목표와 신념이 서로 충돌해 불협화음을 내고 있다.

- 최근 떠오르는 초국가적 주체와 부활한 기존 동맹과 고립된 정보환경이 결합됨에 따라 각국이 첨예하게 대립하고 시민 민족주의가 훼손되는가 하면 불안감도 고조되고 있다.

- 각 지역 사람들은 사회·정치적 변화를 선동할 뿐 아니라, 정부에 자원과 서비스와 포상을 요구할 수 있는 수단과 역량과 동기를 가지고 있다.

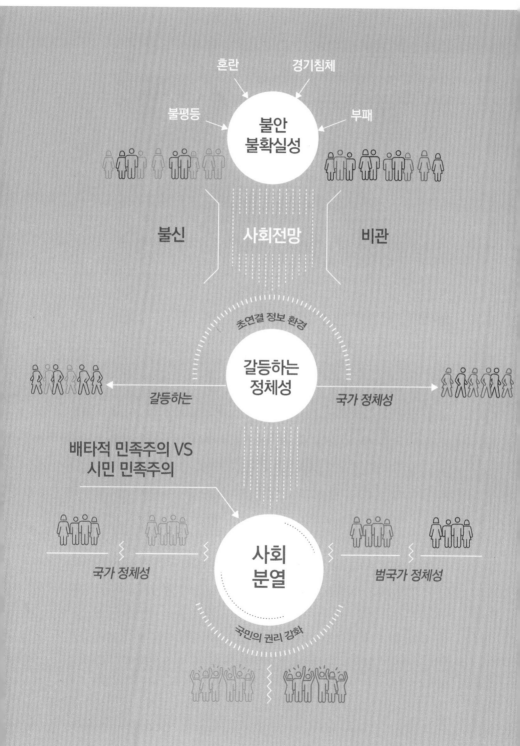

"

향후 몇 년간 더딜지 모를 경제성장과
미흡한 복지 수준으로 수많은 국가의
일부 대중은 기관과 당국을 불신할
공산이 크다.

증가하는 비관론, 흔들리는 신뢰

경제적 부담을 비롯하여 인구 변화와 이상기후와 급속한 기술 변동이
라는 글로벌 및 지역 과제는 세인 중 다수가 인지하는 물리·사회적 불
안감을 증폭시키고 있다. 특히 코로나19 팬데믹으로 이러한 경제·사회적
문제가 심화되고 있다. 다수의 사람들, 특히 사회에서 상대적으로 적은
혜택을 누리던 이들은 점점 자신의 미래를 비관하고 정부의 성과에 실망
을 느끼는가 하면 정부가 엘리트를 우선시하거나 잘못된 정책을 추구한
다고 믿는다. 지난 몇 십 년간 경제성장과 의료, 교육 및 복지의 급속한
발전으로 일부 지역은 평준화가 이루어지기 시작했다. 사람들은 글로벌
경제에서 승자와 패자 사이의 격차에 민감하게 반응하며 정부의 보상을
요구하고 있다. 지난 수십 년 동안 약 15억 명의 인구가 중산층에 진입
했지만 선진국을 포함한 일부 지역에서는 중산층이 다시 퇴보하고 있다.

한 여론 조사에 따르면, 전 세계에서 미래에 대한 비관론이 증가하고
있는데 이러한 경향은 특히 선진국과 중진국에서 두드러지게 나타났다.

2020년 에델만 트러스트 바로미터Edelman Trust Barometer는 조사에 응한 28개국 중 15개국의 응답자 대다수가 5년 후 자신과 가족의 형편을 비관하고 있는데 이는 전년대비 평균 5퍼센트 증가한 것이라고 한다. 예컨대, 프랑스와 독일 및 일본에서 실시한 조사의 대상자 중 4분의 1 미만이 2025년에 자신의 상황을 낙관하고 있는 것으로 나타났다. 이러한 비관론은 청년 인구는 많지만 빈곤 퇴치 속도가 더디고 복지의 수요가 충족되지 못하는 개발도상국, 특히 사하라이남에서 확산될 것으로 보인다.

향후 몇 년간 더딜지 모를 경제성장과 미흡한 복지 수준으로 수많은 국가의 일부 대중은 기관과 당국을 불신할 공산이 크다. 정부와 제도에 대한 신뢰는 대부분 공정과 유능에 대한 인식으로 결정되며 지난 10년 동안 특히 중진국과 선진국에서 모두 낮은 수준을 보여 왔다. 에델만이 2020년 선진 16개국을 대상으로 진행한 연구에서도 2012년 이후 사람들의 정부 신뢰 비율은 45퍼센트를 넘지 못했고, 갤럽 여론조사 또한 경제협력개발기구OECD 정부에 대한 국민의 신뢰는 2006~2016년 사이 절반 이상 추락한 것으로 나타났다. 에델만의 분석에 따르면, 코로나19 발생 당시 지리적 위치가 다른 11개국에서 2020년 1~5월 사이 국민의 정부 신뢰도는 평균 6퍼센트 포인트 상승했으나 2020년 5월~2021년 1월 사이에는 코로나 바이러스 방역 실패로 평균 5퍼센트 포인트 감소했다고 한다.

사회마다 신뢰도가 일치하는 것은 아니다. 지난 20년간 전 세계적으로 기관에 대한 '교양인informed public'—대학 교육을 이수하고 각 시장에서 가계소득 상위 25퍼센트에 포함되며 미디어를 다량으로 소비하는—의 신뢰도는 증가한 반면, 일반인의 절반 이상은 지난 10년 동안 '기관'이 실패했다고 주장해 왔다. 에델만 여론조사에 따르면, 기관을 두고 교양

인과 일반인의 신뢰 격차는 지난 10년 간 지속적으로 증가하여 2012년
에는 5퍼센트 포인트, 2021년에는 16퍼센트 포인트를 기록했다. 한편 기
업에 대한 신뢰도의 격차는 4배 증가했다.

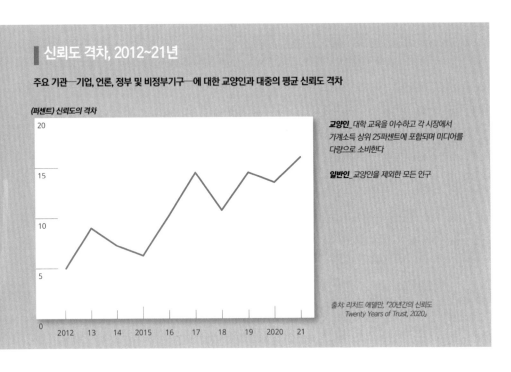

신뢰도 격차, 2012~21년

주요 기관—기업, 언론, 정부 및 비정부기구—에 대한 교양인과 대중의 평균 신뢰도 격차

(퍼센트) 신뢰도의 격차

교양인_대학 교육을 이수하고 각 시장에서
가계소득 상위 25퍼센트에 포함되며 미디어를
다량으로 소비한다

일반인_교양인을 제외한 모든 인구

출처: 리처드 에델만, 『20년간의 신뢰도
Twenty Years of Trust, 2020』

- 전반적인 경제성장이 더딘 국가에서 실제로 불평등이 인지되면 종종
  정치체제에 대한 신뢰 하락과 국민의 불만이 동시에 발생하는 경우
  가 많다. 부패가 정부에 대한 신뢰를 깎아내리고 있는 저개발 국가
  에서 국민들은 부유한 엘리트에게 정치권력이 집중된 정부보다 비공
  식기구를 더 신뢰하는 경향이 있다. 정치적 변화 요구에 불을 지피는
  가장 지배적인 요인은 부패를 꼽는다. 국제투명성기구Transparency

International의 2019년 조사에 따르면, 라틴아메리카 응답자의 53퍼센트와, 중동 및 북아프리카의 65퍼센트, 그리고 사하라이남 아프리카의 55퍼센트는 부패가 심해지고 있다고 답했다.

- 다가올 미래에는 인공지능과 머신러닝 및 5G를 비롯한 기술로 인터넷 접근성이 확대된다. 이로써 무엇이 진실이고 무엇이 소문과 날조인지 구분하기 위해 고전하는 사람들의 신뢰 또한 약화될 것이다. 아울러 사람들은 점점 더 만연해지는 정부의 감시와, 개인정보를 통제해 수익을 창출하려는 민간기업에 두려움을 느낄 것이다.

더욱 두드러지는 정체성

정부와 엘리트 및 여타 기관에 대한 신뢰가 훼손되면서 각 사회는 정체성과 신앙을 중심으로 분열이 심화될 가능성이 높다. 지역을 불문하고 사람들은 공동체와 안정을 위해 친숙하고 비슷한 사상을 가진 집단에 의존하고 있다. 여기에는 문화 및 국가 내 하위 지역 정체성, 그리고 초국가적 집단과 이해관계도 포함된다. 정체성과 소속관계는 동시에 증가하고 있으며 더욱 두드러지고 있다. 이는 사회·정치 현상에서 정체성 집단의 영향력 확대를 의미하기도 하지만 분열과 분쟁을 뜻하기도 한다.

많은 사람들이 인종이나 민족주의 등, 확립된 정체성에 점점 끌리고 있다. 일부 국가에서는 인구 증가세가 감소하고 이민자가 증가하는 등, 인구 변동에 따른 문화적 상실 등 취약성을 더 강하게 인식하고 있는 추세다. 급격한 사회·경제적 변화로 갈 곳을 잃었다고 느끼는 사람들은 오래된 전통이 침해를 당했다는 데 불만을 품고, 자신의 희생을 대가로 타인이 체제로부터 혜택을 누리고 있다고 믿는다. 이 같은 의식은 경제·

지구촌의 종교활동: 기도와 부

매일 기도하는 성인의 비율로 측정하는 종교활동과 1인당 GDP 사이에는 반비례 관계가 성립한다

(퍼센트) 매일 기도하는 성인의 비율

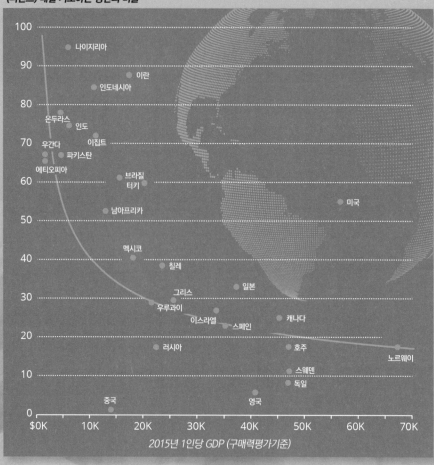

2015년 1인당 GDP (구매력평가기준)

출처: 퓨 리서치 센터 여론조사(2008~2017), 전 세계 종교인 여론조사

사회적 변화가 해로우며 일부 리더가 잘못된 목표를 추구하고 있다는 믿음을 강화시키고 있다.

미얀마 만달레이 근처에서 승려들이 민주주의를 외치고 있다. 세계 일부 지역에서는 종교가 정당성과 권위의 중요한 원천으로 조직의 핵심적인 역할을 수행하고 있다.

기존 주체의 점진적인 부상과 일관된 또 하나의 흐름은 인생에서 종교가 차지하는 역할이다. 종교는 신념과 숭배하는 대상과 회중 및 사회적 행동양식을 규정한다. 인구가 급속도로 증가하고 있는 아프리카와 남아시아 및 일부 라틴아메리카 국가 등, 개발도상 지역에서는 대중의 종교 참여가 증가세를 보이고 있는데 이는 종교가 목적의식을 제공한다는 방증이다. 갈등과 질병 등의 외부적 위협을 인지하는 것 또한 높은 차원의 종교성에 기여하는 요인일 것이다.

많은 사람들이 인종과 성별 및 성적 지향 등, 다양한 정체성 요소 뿐 아니라 기후변화와 종교의 자유 등의 명분과 이슈를 중시하고 있으며 이를 중심으로 집단을 이루고 있다. 높아진 이동 빈도와 도시화 및 연결성을 포함한 세계화의 기세는 국경을 초월하는 다양한 단체에 대한 의식을 고양시키며 중요하게 부상시키고 있다. 또한 공동의 관심사와 가치를 중심으로 조직하는 것도 더 수월해졌다. 여러 집단이 인정받고 특정 목적을 추구하기 위해 고전하면서 이러한 정체성은 국가와 국가의 관계에서 점점 중요해지고 있다. 이를테면, 광범위한 글로벌 연합 세력이 전 세계 동성애의 법적 보호가 대중적으로 수용되도록 한 성공적인 로비 사례가 있다. 그들은 온라인 캠페인과 행사 등을 개최했는데 심지어는 이란과 같이 보수성이 강한 국가에서도 활동한 바 있다. 퓨 리서치 센터Pew Research Center에 따르면, 2013년과 2019년 사이 동성애가 사회에 수용되어야 한다고 주장하는 사람의 비율은 다양한 지역에 분포된 27개 중 21개국에서 증가했고 1989년 이후로 동성애 결혼을 합법화한 국가는 30개국에 달한다.

정체성과 갈등

정체성을 가진 집단이 확대되고 영향력도 커지면서 수용과 권리를 요구하고 있다. 이에 따라 사회의 사회·경제적 기초가 무엇인지를 두고 논의가 활발히 이루어지고 있다. 강화와 경쟁을 반복하는 정체성간의 관계는 정치적 논쟁과 양극화와 사회분열뿐 아니라 심지어는 소요와 폭력으로까지 비화될 수 있다.

- 동남부 및 중유럽 등 중진국의 이민자와 난민 및 외국인 노동자의 증가는 국가 정체성과 시민권에 대한 열띤 논쟁에 불을 지피고 있으며 인종 민족주의적 정당의 부상과 동화정책(자국의 언어, 문화, 생활양식을 강요

하여 동화시키려는 정책—옮긴이)에 대한 요구와 아울러 전 세계의 이민자를 두고 지지가 감소하고 있는 추세 등으로 이어지고 있다.

- LGBTQ(레즈비언lesbian, 게이gay, 바이섹슈얼bisexual, 트랜스젠더transgender, 퀴어 queer의 앞글자를 딴 말—옮긴이) 권리가 점차 인정과 지지를 받고 있다. 일부 국민이 이러한 움직임을 뿌리 깊은 신념에 대한 모욕이자 사회적 악영향이라 생각하는 브라질과 이란, 나이지리아 및 폴란드 등, 여러 국가에서 시위가 촉발되고 있다. 일부 국가에서는 사회·종교적 지도자들이 LGBTQ의 권리를 제한하고 동성애 합법에 반기를 들고 있다.

- 대부분의 국가에서는 양성평등이 교육과 의료, 구직 및 고위직 비율 등의 영역에서 비약적인 진보를 이루어냈지만, 유서 깊은 민주주의 국가에서도 불만과 저항은 존재하게 마련이다. 전 세계적으로 확산된 #미투 운동은 세계 곳곳에서 벌어지고 있는 성추행과 성폭력에 대한 경각심을 불러 일으켰다. 그러나 헝가리와 러시아와 같은 국가에서는 가정폭력과 성폭력을 처벌 대상에서 제외하는 등, 여성 인권의 범위를 축소시켰다.

연결·혼란·분열시키는 정보환경

초연결 정보환경의 기하급수적인 증가는 정체성에 대한 신의와 사회적 분위기를 더욱 강화시키고 복잡하게 만들 공산이 크다. 특히 소셜 미디어로 관점과 신념을 공유하는 세인과 친분을 맺는 것이 보다 수월해졌다. 게다가 같은 신념을 가진 사용자들이 소셜 미디어를 통해 기존의 세계관을 강화하고 대안에 관한 안목을 저해하는 정보를 공유하면 에

코 챔버(echo chamber, 유사한 신념을 가진 사람과만 소통하면서 편향된 사고를 갖게 되는 현상—옮긴이)가 만들어 질 수 있다.

이 같은 동향으로, 과거에 소외되었던 집단이 조명을 받고 있으며 소통 빈도도 늘어나고 있다. 또한 정책과 공공기관과 사건, 도덕적인 이슈 및 사회 트렌드에 대한 사람들의 인식도 양극화되고 있다. 양극화는 쉽게 변하지 않는 상충하는 시각을 양산하고 타협의 기회를 제한시키는가 하면 사회적 유대를 약화시킬 것이다.

향후 20년에 걸쳐 다량의 데이터를 선별·정제하는 알고리즘 및 소셜 미디어 플랫폼은 생산 콘텐츠가 초연결 정보환경이 만들어 낼 정치·사회적 영향력을 형성하는 지식을 추월할 것이다. 아울러 콘텐츠 창작자와 소비자 사이의 중개자는 점차 많은 권한을 가지게 될 것이다. 소셜 미디어 플랫폼은 정체성을 지닌 집단에 더욱 힘을 실어 주는가 하면, 새롭거나 혹은 예측하지 못한 집단의 결성을 촉진할 수 있으며 유유상종하는 인간의 자연적 성향을 가속화시키고 확대하면서 한 이슈의 진실에 대한 서로 다른 시각을 부추길 수도 있을 것이다. 경쟁 관계에 있는 오피니언 리더—소외 집단을 포함한—는 이 플랫폼에서 더 쉽게 자신의 시각을 공유·논쟁함으로써 메시지의 응집력과 '시장에서의 매력'을 강화할 수 있을 것이다. 사람은 본디 공동체에서 정보를 얻고 타인의 지식에 편승하려 들기 때문에 이러한 현상은 더 확대될 전망이다.

사람들은 범람하는 정보를 관리하기 위해 문화와 인종, 국적 및 종교와 같은 사회적 정체성을 핵심 필터로 사용할 것이다. 그러면 민족의 정체성은 분열하고 정부에 대한 신뢰는 더욱 훼손될 것이다. 정체성은 소속감을 주고 구성원의 행동양식에 대한 규범과 신뢰 대상에 대한 규정과 복잡다단한 이슈 및 관련 신념을 강화한다. 증오범죄나 정치범죄를 포함한 정체성 기반 폭력 또한 소셜 미디어로 가속도를 붙일 수 있다. 인도에서는 소셜 미디어와 모바일 메시징 플랫폼이 거짓 정보 확산의 핵심 변수로 자리 잡았다. 실제로 일부 힌두교도 사이에서 무슬림이 소를 살육했다거나 소고기를 가지고 있다는 루머가 빠른 속도로 확산되자 무슬림을 폭행하는 '소 자경단cow vigilante'이 탄생하기도 했다.

대중은 허구에서 진실을 걸러내기 위해 점점 뉴스 미디어와, 소셜 미디어 플랫폼 및 신뢰받는 권위자 등, 자신이 선호하는 '문지기gatekeepers'를 의존하게 될 것이다. 신고 기능을 활용하거나 노골적인 거짓 주장을 삭제하는 등, 논란의 대상이 되는 콘텐츠를 관리하려는 노력만으로는 정체성과 긴밀하게 연관된 신념이나 가치관을 바꿀 수는 없을 것이다. 정체성에 기반한 신념은 진실을 가리게 마련이다. 소속감과 지위를 획득하고 사회를 이해하며 존엄성을 유지하며 도덕적으로 정당해야 한다는 당위성을 뛰어넘기 때문이다.

모바일 디지털 커뮤니케이션의 성장		
2025	5.8B	5.0B
2019	5.2B	3.8B
2016	4.8B	2.0B
	순수 모바일 가입자	모바일 인터넷 사용자

출처: 세계 이동통신 사업자협회

위기에 봉착한 민족 정체성

역사적으로 민족 정체성은 국가의 응집력과 목적의식의 원동력이지만 일부 국가에서는 정체성 간의 갈등으로 민족 정체성이 위기를 맞고 있다. 전반적으로 민족주의가 확대되긴 했지만 일부 지역에서는 배타적 민족주의가 가세하면서 시민 민족주의의 이상이 약화되고 있는 실정이다. 특히 인종과 문화가 다양한 사회일수록 갈등에 대해서는 취약한 편이다. 특히 인구가 변동하는 지역에서는 배타적인 형태의 민족주의가 부상하고 있다. 이 지역들은 경제성장이 더디거나 부진하며 사람들은 특별한 지위의 상실을 두려워하기도 한다.

혼잡한 자카르타의 야간 거리. 도시화로 집중된 인구는 공유된 불만을 중심으로 사람들을 결집시킬 것이다.

• 일부 지도자와 정권은 통치권을 강화하고 정책을 장려하기 위해 배타적 민족주의를 부추기고 있다. 미얀마의 경우 지난 10년간의 더딘 민주주의 이행과 전국적인 빈곤이 불안을 가중시켰는데 이는 불교적 민족주의를 부채질해 반무슬림 정서와 폭력으로까지 이어졌다. 중국 지도자들 또한 영토 분쟁에서의 공격적인 정책에 대한 지지를 유도하기 위해 광범위한—때로는 외국인 혐오를 조장하는—민족주의를 이용했다.

- 세계화로 문화·경제적 불안이 민족주의 세력의 등장을 촉발하기도 한다. 예컨대 영국의 브렉시트 지지자들은 유럽연합에 대한 영국의 오랜 불만을 열거했지만 대부분의 여론조사에 따르면 브렉시트 투표에서 핵심이 된 사안은 이민이었다고 한다. 2015년 이민 위기는 대부분 국민이 문화적 변화나 경제적 경쟁을 두려워하는 프랑스와 독일 및 네덜란드 등 유럽 국가에서도 민족주의의 급부상으로 이어졌다.

- 다른 국가의 종교·인종적 문제를 외교정책의 목표를 위한 대외적 지지 결집 수단으로 사용하는 정부도 있다. 힌두 민족주의를 확산시키려는 인도와, 유럽의 터키인 집단을 동원해 자국의 영향력을 확대하려는 터키, 해외의 러시아정교 소수집단을 지지하는 러시아 등의 사례는 각국의 정상들이 정체성을 대외 정책의 목표 달성을 위한 수단으로 삼고 있다는 사실을 여실히 보여준다.

대중의 권한 강화와 거세진 요구

지난 몇 십 년 동안 이루어진 꾸준한 경제성장과 기술 접근성 향상 덕분에 전 세계의 모든 사람들은 관료나 사회 엘리트에 자신의 요구와 이권을 더욱 강력하고도 빈번하게, 그리고 '임팩트' 있게 표출할 자원과 시간과 수단을 겸비하게 되었다. 선진국 국민은 이미 좋은 조건을 갖추고 있으며 개발도상국 국민도 변화를 선도하기 위한 조건을 갖추어 가고 있다. 예컨대, 일일소득이 10~100달러인 집단으로 규정된 중국 중산층의 비율은 2000년 3.1퍼센트에서 2018년 52.1퍼센트로 증가했다. 정부에 민원을 제기할 여건이 되는 국민이 6억 8,600만 명 늘어난 셈이다.

- 지난 몇 십 년 동안 거의 모든 지역에서 부와 교육 수준이 증가했으

며, 기본적 욕구의 충족은 의식의 고취와 야망의 확대로 이어졌다. 부의 눈높이가 높아짐에 따라 사람들은 더 많은 여가 시간과 높은 기대치와 좀더 바람직한 참여 수단을 갖게 되어 그만큼 상실에 대한 우려도 커질 것이다. 향후 20년 동안에는 정치 참여의 수준도 높아질 전망이다.

- 향후 몇 십 년간 도시 인구의 증가세는 아프리카와 남아시아 등 청년 비율이 높고 서비스 제공에 어려움을 겪고 있는 개발도상국에서 특히 두드러질 것이다. 도시화로 공통의 관심사와 불만을 가진 인구가 집중되고 있는데 이는 시위로 격화되기 쉬운 사회운동에 불을 지피는 도화선이기도 하다.

- 통신기술의 확산으로 국제 트렌드와 현지 사건에 대해 실시간으로 정보를 얻을 수 있으며 사람들이 자신의 메시지를 조직·전달할 수 있는 도구가 제공되고 있다. 2014년과 2020년 사이 인터넷 사용자 수가 30억 명에서 45.4억 명으로 증가했고 모바일 인터넷 보급률은 2019년 49퍼센트에서 2025년 60.5퍼센트로 증가할 것으로 보인다. 5년 내로 소셜 미디어 플랫폼을 이용하는 사람들은 2020년 36억 명에서 8억 명이 증가할 것으로 추산되고 있다.

기술 접근성과 연결성이 개선됨에 따라 전 세계적으로 정부에 대한 요구도 거세질 전망이다. 형편은 열악해도 기대치가 높아진 사람들은 쌓여가는 현안을 두고 다양하면서도 까다로운 해결책을 정부에 요구할 것이다. 경제와 정치 및 사회 영역의 경계를 넘나드는 요구사항이 발생할 것이며 다양한 집단이 핵심 산업 보호와 온실가스 감축 같은 상충된 정책을 피력할 것이다. 지난 10년간 대중 집회의 횟수가 증가한 사실로 미루어 볼 때, 건실한 민주주의 국가에서도 집단 시위와 보이콧, 불복운동과 심지어는 폭력까지 증가할 것이다. 권위주의 국가에서는 이러한 수단이 소셜 미디어와 더불어 의견을 관철시키는 대안으로 다수가 선호할 것이다. 향후 20년에 걸쳐 불만을 표출할 수 있는 채널은 사회적 응집력에 대한 다양한 의미를 지닌, 유력한 세력으로 부상할 것이다.

떠오르는 변수

국가_긴장·혼란·전환

핵심 포인트

- 모든 지역의 정부는 경제적 제약과 인구 및 환경을 비롯한 여러 문제가 복합적으로 발생하는 상황에서 엄청난 압박을 받게 된다. 반면 대중은 더 많은 것을 요구할 터인데 이들의 지위는 상충된 목표와 우선순위를 밀어붙일 만큼 격상되었다.

- 사회와 정부의 관계는 대중의 기대와 이에 부응하려는 정부의 능력이 서로 일치하지 않는 정도가 심화되면서 지속적인 긴장 상황에 봉착할 것으로 보인다. 대중의 기대와 정부의 능력에 격차가 벌어진다는 것은 정치적 변동과 민주주의의 리스크 및 거버넌스 대안세력의 역할 확대를 암시한다.

- 대중의 불만이 커질 때 도화선이 될 리스크와 탁월한 리더십이 수반된다면 통치 방식에 중대한 변화나 전환이 일어날 수 있다.

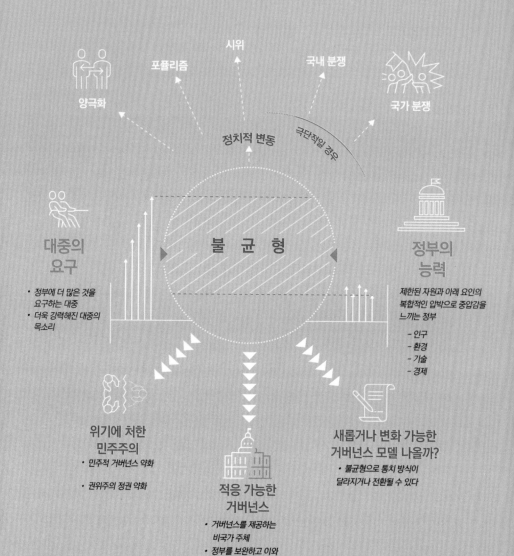

시위

포퓰리즘

양극화

국내 분쟁

국가 분쟁

정치적 변동

극단적일 경우

대중의
요구

불 균 형

정부의
능력

• 정부에 더 많은 것을
  요구하는 대중
• 더욱 강력해진 대중의
  목소리

제한된 자원과 아래 요인의
복합적인 압박으로 중압감을
느끼는 정부

- 인구
- 환경
- 기술
- 경제

위기에 처한
민주주의

• 민주적 거버넌스 약화

• 권위주의 정권 약화

적응 가능한
거버넌스

• 거버넌스를 제공하는
  비국가 주체
• 정부를 보완하고 이와
  경쟁하는 거버넌스
• 더욱 중요한 역할을 하는
  지역 단위 거버넌스

새롭거나 변화 가능한
거버넌스 모델 나올까?

• 불균형으로 통치 방식이
  달라지거나 전환될 수 있다

"

대중이 의견을 피력하고 경제적 제약과
인구 및 환경 등, 여러 문제가
얽히고설키면 정부는 엄청난
압박감을 느낄 것이다.

대중의 요구와 정부의 능력 간 격차가 벌어지다

각 나라의 정부와 사회는 긴장이 향후 20년 이상 끊이지 않을 것으로 보인다. 대중의 요구와 이에 부응하려는 정부의 능력이나 의지가 서로 엇박자를 내기 때문이다. 과거의 번영으로 기대감이 고조된 여러 나라 국민들이 더딘 경제성장과 불확실한 구직 기회, 변화하는 인구 구조로 엄청난 부담과 혼란에 빠질 것으로 보인다. 이들은 또한 생각이 같은 사람들의 응집력 확대와 수십 년 동안 꾸준하게 진행된 교육개선과 통신기술 접근성 덕분에 자신의 관심사를 지지할 수 있는 준비를 더욱 잘 갖출 것으로 보인다. 비록 정부에 대한 대중의 신뢰도가 낮아지더라도 대중의 문제를 해결하는 궁극적인 책임이 정부에 있다고 생각하고 당국이 해결책을 내놓기를 더욱 요구할 것으로 보인다.

대중이 의견을 피력하고 경제적 제약과 인구 및 환경 등, 여러 문제가 얽히고설키면 정부는 엄청난 압박감을 느낄 것이다. 개별적이고도 복합적인 압박으로 정부의 역량과 회복탄력성, 및 예산 축소가 시험대에 오르고 통치 방식은 더욱 복잡해질 것이다.

인구 구조와 복지

많은 나라가 지난 수십 년 동안 성취해온 복지 성과를 발판으로 삼기는 힘들어질 것이다. 아니, 복지수준을 유지하기도 힘들어질 전망이다. 현재까지 진행 중인 세계적인 유행병과 침체된 경제성장, 분쟁과 기후문제, 더 높아진 목표에 부합하는 데 필요한 단계가 점점 더 어려워지기 때문이다. 한편 노인 인구가 많은 나라와 청년 인구가 많은 나라, 그리고 인구가 증가하는 나라는 자국의 인구 구조와 관련된 문제에 봉착할 것이다. 이주를 받아들인 나라에서 사회를 분열시키는 정체성 문제가 현저하게 증가할 것으로 보이며 이민 문제로 민족 사이의 갈등을 부추길 수도 있다. 주로 아프리카와 아시아에서 일어나는 급속한 도시화로, 각국 정부는 성장하는 도시에 필요한 사회기반시설과 자원을 공급하고 안보를 담당해야 한다는 압박을 받게 될 것이다.

기후변화와 환경 악화

모든 나라의 정부는 기후변화와 환경 악화에 대응하라는 압박을 받게 될 것이다. 특히 아프리카와 아시아 및 중동 지역이 극심한 영향을 받을 것이다. 이미 세력이 약한 이들 정부는 스트레스를 받거나 취약한 상태다. 물론 부유한 국가도 환경 비용을 점점 더 많이 부담하게 될 것이며 심지어는 재해를 당해 정부의 대응과 가용 자원 문제가 도마 위에 오르고 국민의 신뢰를 잃게 될지도 모른다.

경제적 압박

경제성장률이 둔화되리라는 예상된 트렌드 탓에 공공서비스를 제공하는 정부의 능력과 자원에 큰 타격을 입을 것으로 보인다. 각국 정부는 이미 전례 없는 규모의 빚을 짊어지고 있다. 게다가 앞으로 다가오거나, 혹은 끊임없이 진행 중인 불평등과 부패가 결부된 많은 나라에서 정부에 대한 신뢰와 국민 간의 신뢰를 위협하는 일이 벌어질 것이다.

기술의 변화

각국 정부는 기술의 변화 속도에 맞추고 기술의 혜택을 활용할 만한 정책을 시행하고 리스크와 분열을 완화하라는 압박을 심하게 받을 것이다. 또한 기술의 발달로 개인에게 자율권이 주어지고 비국가 주체는 정부의 역할에 새로운 방식으로 도전장을 내밀 것이다.

이러한 문제에 직면하면 기존의 시스템과 거버넌스 모델로는 사람들의 기대를 충족시킬 수 없다는 것이 입증되고 있다. 때문에 경제적 기회와 안보를 해결하기를 바라는 대중의 요구와 정부의 능력 간에 불균형이 커지고 있다. 대중의 비관적인 생각이 우익 및 좌익 정부와 중도 정부, 민주국가와 권위주의 국가, 포퓰리즘(대중영합주의) 정부와 테크노크라시 정부(technocratic administration, 과학 기술 분야의 전문가들이 많은 권력을 행사하는 정치 및 사회—옮긴이)에 두루 영향을 미치고 있다. 예컨대, 라틴아메리카와 카리브해 지역의 18개 나라에서 실시한 여론조사 결과, 2010년 응답자의 59퍼센트가 자국의 민주주의 실행 방안에 만족한 반면 2018년에는 응답자의 40퍼센트가 만족한다는 응답이 나왔다. 즉, 대중의 만족도가 상당히 감소했다는 것이다. 기존의 정부 제도에 대한 대중의 의심이 커지면서 정부와 사회는 경제적 기회를 앞당기고 불평등을 해소하며 범죄와 부패의 감소를 비롯하여 여러 가지 주된 목표를 성취하기 위해 적응하거나 혹은 체제를 전환하는 방안을 두고 합의점을 끌어내기가 힘들어 질 것으로 보인다.

이 같은 난제와 이를 둘러싼 정부의 대응은 본질상 지역과 나라에 따라 매우 다양하게 나타날 것이다. 이를테면, 동남아시아의 일부 국가는 증가하고 있는 노동인구를 고용하기가 미흡해 보일 정도로 경제성장률이 침체되고 심각한 환경파괴와 기후변화 및 양극화의 확대를 동시다발적으로 맞닥뜨리게 될 것이다. 유럽 국가도 치솟는 채무와 저조한 생산성, 노동인구의 고령화 및 축소, 도시와 시골의 분열, 불평등의 증가로 다툼이 일어날 것으로 보인다. 또한 유럽연합과 유럽연합 국가 차원에서 경제·금융정책을 두고 분열된 정치적 견해와 논쟁이 일어날 것으로 보인다. 중국에서 가장 중요한 긴장 상태는 경제성장과 공공의료 및 안보를 지키면서 통제를 유지할 수 있는 중국 공산당에 달려 있다. 현재 중국의 거대 중산층은 대체로 잠잠한 편이지만 경제가 침체된다면 상황은 달라질 수 있다.

인도 뭄바이의 임시 거주지. 많은 나라에서 일어나는 불평등 문제는 대다수 사람들이 불만을 제기하는 주요 원인으로, 정부가 풀어야 할 주요 과제가 될 것이다.

많은 나라가 불균형의 늪에 빠져 옴짝달싹하지 못할 공산이 크다. 국민들이 기존의 시스템에 만족하진 못하지만 앞으로의 향방을 두고도 합의점에 도달할 수 없다는 것이다. 10년 전 '아랍의 봄'으로 기존의 정치 질서에 심각한 결함이 노출되었지만 지역 대다수 국가에서 국가와 사회 사이에 새로운 사회적 합의가 아직 도출되진 않았다. 중동과 마찬가지로 다른 지역도 오래 지속된 격동의 과정을 겪을지도 모른다. 정부의 문제 해결 능력이 신뢰를 잃었기 때문이다.

알제리에서 일어난 저항이 지난 수십 년 동안 전 세계에서 일어났다. 이는 불평등과 정치적 탄압, 부패 및 기후변화를 비롯하여 다양한 분야에 대한 대중의 불만이 표출된 것이다.

설령 국가가 안보와 복지를 개선하더라도 혜택과 기회가 불공정하게 배분될 수 있어 겉은 번지르르한 사회 내에서는 불만이 증폭될 것이다. 예컨대, 2000~2018년까지 경제협력개발기구OECD 국가들은 고용 분야에서 대체로 성장했지만 중간 수준의 임금은 거의 없는, 고소득과 저소득으로 구분되었고 불투명한 일자리가 많아졌다. 고용 증가는 지역과 인구 집단에 따라 매우 다양하게 나타난다.

격화되는 정치적 변동

향후 몇 년 동안 정부의 능력과 대중의 기대 간 불일치가 확대될 것으로 보인다. 이로써 양극화가 심화되고 정치제도 내 포퓰리즘과 저항 운동을 비롯하여 더 큰 정치적 변동이 이어질 것으로 보인다. 폭력과 분쟁에 심지어는 국가가 붕괴되는 등의 심각한 사태가 벌어질지도 모른다.

양극화와 포퓰리즘

민족과 종교 및 이념 간 대립이 더욱 강세를 띨 것으로 생각된다. 정치 지도자들과 조직력이 탄탄한 일부 단체가 경제와 거버넌스, 사회, 신분 및 국제문제에 영향을 미치는 대안과 다양한 목표를 밀어붙이기 때문이다. 일부 국가에서 이러한 포퓰리즘이 확산된다면 정치의 역기능과 교착 상태가 심화되고 정치적 불안정이 고조될 것으로 보인다. 극심한 포퓰리즘은 일단 자리를 잡으면 되돌리기가 쉽지 않다. 지난 수십 년 동안 경제적·사회적 불만을 해결하지 못한 주류 정치에 불만을 품은 대중의 마음은 전 세계적인 포퓰리즘으로 이어졌다. 전 세계에서 권력을 가진 포퓰리스트 지도자와 포퓰리즘 정당의 득표수를 보면 알 수 있다. 물론 임기 중에 세력이 약화되는 포퓰리스트도 있으나 불만족과 양극화, 엉터리 정보가 집요하게 살아남는 한 그런 포퓰리스트는 최대한 지긋하게 살아남을 공산이 크다. 아울러 포퓰리즘은 이민 사회의 민족·종교적 구성에 변화가 일어나거나 경제적 위기가 발생하면 급증하는 경향이 있다.

시위

2010년 이후 전 세계적으로 반정부 시위자들이 증가하면서 모든 정권과 정부에 영향력을 행사하고 있다. 시위자들이 비록 정치적 격동의 신호로 보이지만 이들은 건강한 민주주의의 신호탄이며 책임과 정치적 변화를 요구하는 민주화의 힘으로 볼 수 있다. 이러한 시위 현상은 순환 주기를 타기 쉽다. 대중이 기존에 갖고 있던 불만족과 제도 변화에 대한 갈망과 정부의 미흡한 대응, 시위를 신속히 조직할 수 있도록 구석 구석에 보급된 기술을 비롯하여 시위를 일으키는 주된 요인이 지속적으로 발생하기 때문에 시위는 계속 주기를 타고 급증하고 있는 것이다.

정치적 폭력·분쟁·국가붕괴

향후 20년 동안 수많은 국가 중 특히 개발도상국에서 정국 불안이 확대되면서 정치 질서가 붕괴하고 정치적 폭력이 일어날 것으로 보인다. OECD 분석에 따르면, 2020년 세계 인구의 23퍼센트인 18억 명이 거버넌스와 안보, 사회, 환경, 경제 여건 등이 취약해진 형편 속에 살고 있는 것으로 나타났다. 2030년이 되면 이 수치는 세계 인구의 26퍼센트인 22억 명으로 증가할 것으로 추정된다. 대개 사하라이남 아프리카 국가에 집중된 이 현상은 중동과 북아프리카, 아시아, 라틴아메리카까지 이어질 것이다. 또한 이들 지역은 기후변화와 식량수급 불안정, 유년 및 노령인구의 증가(아프리카), 급속한 도시화를 비롯한 여러 가지 복합적인 상황에 직면할 것이다. 정치적 폭력이나 국내 분쟁은 이렇게 허술한 나라에만 한정된 것은 아니다. 정치적 변동이 심화된다면 역사적으로 더 안정된 나라에도 이런 상황이 벌어질 것으로 보인다.

압력을 받는 민주주의와 약세를 보이는 권위주의 체제

이렇게 불안한 정치 풍토로 자유 민주주의부터 폐쇄적인 권위주의 체제에 이르기까지 모든 유형의 정부가 약세를 보이고 있다. 향후 20년 동안, 민주주의 및 권위주의 거버넌스의 흥망성쇠의 열쇠는 적응력과 실행력에 있을 것으로 보인다. 새로운 기회를 활용하고 거세지는 압박에 적응하고 늘어나는 사회적 다분화를 관리하고 사람들의 안정과 경제적 번영을 해결해야 할 정부는 정통성을 강화하거나 보전할 것이다. 한편 그러지 못한 정부는 경쟁 상대의 자신감을 고취시키거나 대안이 될 모델을 요구받게 될 것이다. 또한 민주주의는 공정성과 포용력이 있는 정치 체제에서 정통성을 끌어낼 수 있는 위상을 확보하게 될 것이다. 권위주의 체제에서는 성취하기가 훨씬 힘든 대목이다.

쇠퇴하는 민주주의

각 정부가 직면한 문제를 보면 현재 진행 중인 민주주의 거버넌스의 약화 추세가 향후 최소 10년 아니면 그 이상 지속될 가능성이 높다는 점을 알 수 있다. 이런 추세는 미숙한 민주주의 체제는 물론이거니와 확실히 자리를 잡은 선진 자유 민주주의 체제에서도 광범위하게 나타난다. 표현과 언론의 자유를 비롯하여 사법부의 독립과 소수자 보호 같은 민주주의의 주된 특징은 전 세계적으로 권위주의가 다분히 진행된 나라마다 악화되고 있는 추세다. 민주주의 증진을 위해 활동하는 비정부기구 프리덤하우스Freedom House는 참정권과 시민의 자유가 15년 연속 하락한 해가 2020년이라고 발표했다. 전 세계 민주주의를 측정하는 또 다른 기구인 민주주의다양성연구소Varieties of Democracy institute는 2020년에 민주주의 거버넌스가 쇠퇴하는 국가에 사는 사람들의 비율이 전 세계 인구의 34퍼센트인 것에 반해 민주주의가 좀더 진행된 나라에 사는 사람들의 비율은 4퍼센트에 불과하다고 밝혔다.

일부 국내외 세력이 민주주의의 가치를 손상시키고 있다는 것이다. 서방세계의 일부 민주주의 국가에서는 경제적 혼란과 신분의 전도와 이민에 대한 불안감은 물론이거니와 기존 정당의 역량과 정책에 대한 대중의 불신 때문에 민주주의 규범과 제도, 시민의 자유를 제한하는 지도자가 늘어 왔다. 1980년대와 1990년대 당시 권위주의 통치에서 탈바꿈한 신생 민주주의 국가와 개발도상국가에서는 빈약한 국가 역량과 허접한 법치주의와 반대파를 용인하는 허술한 관용, 심각한 불평등과 부패와, 정치에서 막강한 권력을 갖고 있는 군부를 비롯하여 여러 복합적인 변수 탓에 민주주의가 침체하거나 퇴보한 바 있다.

중국과 러시아와 다른 해외 주체들이 다양한 방식으로 민주주의의 기반을 망치고 자유를 제한하는 정권을 지지하고 있다. 디지털을 탄압하기 위한 기술과 전문 지식을 공유하는 등, 지지하는 양태는 각양각색이다. 특히 일부 해외 주체는 투표에 대한 대중의 신임을 약화시키거나 민주주의 체제의 원동력을 위협하고 있다. 국내외에서는 디지털 정보를 조작하고 중론을 형성하는가 하면 정치적 목표를 위해 허위 정보마저 확산시키는 일도 벌어지고 있다.

앞으로 많은 나라의 민주주의 가치가 더 쇠약해지거나 심지어는 무너질 정도로 취약한 상태가 될 것으로 보인다. 한 연구에 따르면, 1994년 이후 민주주의의 쇠락을 연속적으로 경험한 75개 민주 국가 중 60개국(80퍼센트)은 결국 독재 정권이 된 것으로 나타났다. 그러나 민주주의가 영영 쇠락하게 되리라는 보장도 없다. 지난 1세기 동안 민주주의가 득세하다 발전과 퇴보로 이어졌던 긴 주기 속에서 내리막길을 일부 반영한 것일 수도 있다. 민주주의 체제의 장기적인 정당성은 공정하고 광범위하며 공평한 정치 프로세스를 도모하고 대중을 위한 긍정적인 성과를 내야 한다는 일반적인 두 가지 조건에 달려 있다. 부패를 둘러싼 대중의 우려와 엘리트층의 부패와 불평등 문제에 주목한다면 대중의 신뢰를 회복하고 제도적 정당성을 강화하는 데 유익할 것이다.

민주적 거버넌스의 쇠퇴

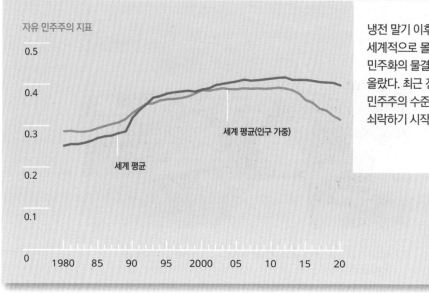

자유 민주주의 지표

0.5

0.4

0.3

0.2

0.1

0

세계 평균(인구 가중)

세계 평균

1980 85 90 95 2000 05 10 15 20

냉전 말기 이후
세계적으로 몰아친
민주화의 물결이 정점에
올랐다. 최근 전 세계의
민주주의 수준은
쇠락하기 시작했다.

출처: 민주주의다양성연구소가 자유민주주의 지표로 선거의 자유와 시민의 권리,
법치 및 행정부의 통제를 측정했다.

아울러 효과적인 서비스와 경제적 안정 및—역사를 돌이켜볼 때 민주
주의에 유리하게 작용한—개인의 안전을 제공하면 대중의 만족도를 높
일 수 있다. 이러한 기본적인 거버넌스의 기준을 넘어 최근 불거진 세계
적 난제를 회복할 수 있는 능력을 입증한다면 대중의 자신감을 회복·
유지하는 데 보탬이 될 것이다.

민주주의의 융성 혹은 쇠퇴는 장기적으로는 강대국 사이의 상대적 권
력이 균형을 이루느냐에 달려 있기도 하다. 해외의 정치적 성과를 지지하
거나 영향력을 미치려는 노력과 더불어 경제성장을 이루고 공공재를 보

우간다 공무원들이 중국 기업의 안면 인식 감시 시스템을
작동시키고 있다.

급하는가 하면 서방세계의 민주주의 모델과 중국의 기술 독재 체제 사
이에서 이념 경쟁을 벌이는 등, 지정학적 경쟁으로 전 세계의 민주주의 트
렌드가 조성될 것이다.

위험에 직면한 독재 정권

독재 정권도 민주 정부와 여타 정권의 적응력이 떨어진 것처럼 여러 가
지 위기에 직면할 것이다. 안정된 기간이 지나면 십중팔구는 갑작스럽고
도 극심한 정권 교체가 이루어질 것이다. 비록 중국부터 중동에 이르기
까지 여러 나라의 독재 정권이 권력 유지를 표방할지라도 이들 정권은
만연한 부패와 과도한 원자재 의존, 고도의 개인 리더십을 비롯하여 구

조적인 취약점이 심각한 편이다. 대중의 시위는 독재 정권에 대한 가중된 위협을 제기하는 것이다. 2010년부터 2017년 사이에 10개의 정권이 무너졌고 다른 10군데는 대규모 시위로 촉발된 투표로 축출되었다. 부패는 대다수 시위의 주된 원인인데 독재 정권이 민주 정부보다 더 타락하는 경향이 있다. 후원 네트워크에 자금을 대고 경제를 부양하기 위해 원자재에 의존하는 권위주의 정권은 특히 에너지 전환으로 유가가 하락할 경우 원자재 가격 변동에 취약해질 것이다. 권력이 한 사람이나 소규모 집단에 집중된 1인 독재 정권의 부패가 가장 심하고 의사결정도 변덕스러운 경향이 있다. 권력이 승계될 가능성은 아주 낮으며 전쟁이 개시되거나 분쟁이 확대될 가능성은 매우 높다. 오늘날 독재 정권의 가장 흔한 유형으로 1인 독재 정권personalist authoritarian regimes이 있다. 1988년에 독재 정권 가운데 1인 독재 정권의 비율이 23퍼센트였는데 2016년에는 40퍼센트까지 뛰었다. 중국과 사우디아라비아를 포함해 다른 독재 정권도 이런 방향으로 움직이고 있다.

독재 정권은 대중의 불만을 가라앉히거나 철회하거나 혹은 처리하기 위해 탄압과 포섭(새 회원 선출), 합법화(정당화) 같은 신·구 방식을 활용하고 있다. 독재 정권이 최근 더 오래 유지되는 데 기술이 이로운 역할을 하고 있다. 디지털화와 통신 기술 덕분에 적은 비용으로 구석구석 감시할 수 있게 되었기 때문이다. 그러나 이러한 기술 동향 이면에는 사람들에게 디지털 탄압을 피하고 반대 의견을 결집할 수 있는 수단을 제공한다는 점도 있다. 탄압과 아울러, 독재 정권은 비판적인 동맹의 충성심을 유지하도록 설득하기 위해 새 회원 선출에 의존하게 될 것이다. 하지만 이런 변수는 불안정한 자원 공급에 따라 얼마든 달라질 수 있다. 많은 독재 정권이 효과적인 통치력과 설득력 있는 이념을 통해 대중적인 정통성을 확립하려고 노력할 것이다. 중앙집권화에 성공한 권력으로 불거진 문제에 좀더 빠르고 융통성 있는 대응을 보여준 독재 정권도 일부 있지만 역사적으로 독재 정권은 비효율적인 자원 배분 탓에 혁신이 부족했다. 경제적 기회를 제공하고 안보를 유지한 독재 정권은 복잡다단하고 신속한 미래의 문제를 해결하기에는 자신의 체제가 더 적합하다고 설득할지도 모른다.

탄력적인 거버넌스 대안_다양한 서비스를 제공하는 주역들

대중의 요구와 기대가 높아질수록 복지와 안보를 해결하는 비정부기관의 주체를 포괄하는 거버넌스의 탄력적인 대안이 더 많이 생길 것이다. 민간기업과 NGO, 시민단체, 종교단체, 반군 및 범죄단체를 비롯하여 비국가 주체들이 온갖 상황에서 오랫동안 거버넌스를 제공해왔다. 이들의 역할은 주체와 주체가 수행하는 기능의 범위를 더욱 확대시킬 것으로 보인다. 기술 덕분에 민간 부문과 NGO 및 개인이 쉽게 쓸 수 있는 자원이 증가하는 데다 다수의 이해관계자가 공식적으로 언급하고 싶어 하는 공공 정책 과제의 수치와 복잡성의 증가 같은 요인이 복합적으로 얽혀있기 때문이다. 시민단체를 엄하게 단속하는 반자유주의 체제나 일부 비국가 주체의 작전을 규제하는 민주주의 체제가 보여주듯, 이런 변화로 국가에 긴장이 고조되고 고통이 커질 것으로 보인다.

비국가적 주체는 환경과 활동에 따라 국가를 보완하거나 이와 경쟁하거나 혹은 몇몇 사례처럼 국가를 대체할 것이다. 국가 기관 외부의 거버넌스가 중앙정부에 반드시 위협이 되는 것은 아니며 거버넌스의 전반적인 수준을 떨어뜨리는 것도 아니다. 국가와 비국가 주체의 역할과 관계는 상대적인 역량과 보급 및 국민의 지지에 달려 있다. 중동부터 아프리카와 라틴아메리카에 이르기까지 반체제 집단과 범죄 조직은 허술한 정부가 담당하는 거버넌스의 공백을 메워주었다. 때로는 영향력을 확대하기 위해 의료와 교육, 안보, 쓰레기 수거 같은 사회복지를 담당하고 일자리를 공급하여 허술한 정부를 착취할 때도 있다. 특히 종교를 기반으로 한 국제 NGO가 의료와 교육 서비스를 제공하면서 국가의 역할을 강화한 아프리카의 사례도 있다. 코로나19가 유행하는 동안 적응해온 거버넌스 사례가 수없이 나타났다. 기업과 자선단체, 테크놀로지 회사, 연구 및 학문 기관들이 돌파구를 찾기 위해 정부와 협력했다. 그밖에 전 세계의 시민단체가 인도적 구호와 복지 서비스를 제공하면서 정부의 대응이 미치지 못하는 틈을 매워주기도 했다. 비국가 주체들의 이 같은 거버넌스 역할은 일부 서비스를 능가하고 있다. 예컨대, 정치적 담론을 형성할 수 있는 테크놀로지 기업이 정보의 흐름과 네트워크를 지배할 수 있는 엄청난 힘을 양산하고 있다.

거버넌스 혁신

정부 및 비국가 주체들은 무척 많은 거버넌스 현안에 적응하기 위해 여러 가지 방법을 찾을 것이다. 안보와 복지를 담당할 새로운 수단과 기술을 실험하는 방법이 전 세계에 적용될 수 있다. 거버넌스 혁신은 대개 구분하거나 예측하기가 어렵지만 혁신의 일부는 거버넌스의 속도와 능률 및 정확성을 개선하는 기술을 개발·응용하는 데 투입될 것이다.

• 지난 20년 동안 전 세계 각국은 서비스를 제공하고 시민의 참여를 유도하기 위해 기술을 확대·사용했다. 디지털 거버넌스를 가장 효율적으로 활용하는 국가는 대체로 소득이 높은 경우가 많다. 요즘은 디지털 거버넌스가 모든 국가와 지역으로 확대되는 것이 일반적인 추세다.

• 사람들의 생활 전반과 관련하여 인공지능이 결부된 데이터의 이용 가능성이 확대되면서 정부가 서비스를 주도하고 안전을 담당하는 데 좀 더 기민해졌다. 양날의 검과도 같은 이야기다. 정부가 범죄를 줄이는 데 유익한 인공지능 기반의 감시 기술과 같은 테크놀로지를 이용하여 되레 국민을 탄압하고 감시할 수 있게 되었기 때문이다.

• 기술을 개발하는 대중과 민간 부문의 역할을 감안해볼 때, 주된 혁신에는 정부 및 비국가 주체가 개입할 것으로 보인다. 예컨대, 아프

리카에 모바일 결제와 은행 업무 시스템이 도입되자 현금을 이체할 수 있게 된 정부는 좀더 효율적이고도 확실한 인건비 지급이 가능해졌다.

• 혁신적인 거버넌스 대안이 일단 자리를 잡으면 전 세계에 확산되는 건 시간문제일 것이다. 비근한 예로 전 세계에 확산된 인공지능 기반의 감시 기술이 꼽힌다. 2018년 중국과 서방 기업이 제공한 감시 기술은 최소 74개국이 도입한 바 있다. 이처럼 성공적인 거버넌스 모델은 한창 인기몰이 중이다. 이를테면, 최소 40개국이 개발 수

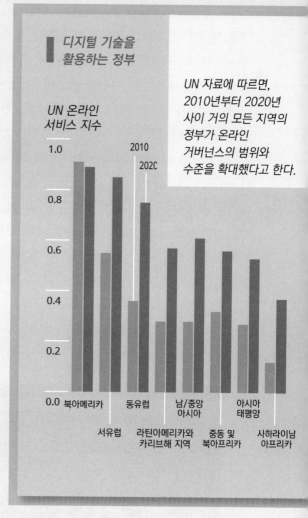

단으로 조건부 현금 이체 프로그램을 실시하고 있다. 2000년대 빈곤층 감소를 위해 브라질에서 실시한 보우사 파밀리아Bolsa Familia 프로그램의 성공이 일부 영향을 미친 것이다.

더욱 중요해진 지방정부의 역할

지방정부도 주민들의 민원을 해결하는 능력 덕분에 시간이 갈수록 거 버넌스 혁신의 중요한 주체가 될 것이다. 지방정부는 구성원의 문제에 근 접할 수 있다는 이점과 주민의 반응에 대처할 수 있는 융통성과 적법한 근거와 책임이 있으며 당파 가능성은 적은 편이다. 다양한 단계의 통치 수준을 비롯하여 민간 부문과 시민 사회를 조성하고 이끄는 역할을 맡 고 있는 도시 및 광역 자치단체는 중앙정부보다 더 큰 능력을 갖고 있 다. 이들의 파트너십은 서방의 오래된 공업도시를 부흥하게 만드는 데 보탬이 될 것이다. 갈수록 더 많은 네트워크를 조직한 지방정부와 시 정 부는 기후변화와 이민 같은 국제적인 문제에도 조치를 취할 것이다. 중 앙정부보다 앞서가는 사례도 나올 성싶다. 인구가 증가하고 경제활동과 기술 및 혁신의 허브가 되면서 지방정부는 중앙정부에 대해 커다란 영향 력을 행사하게 될 것이다. 심지어는 권위주의 체제에서도 제약은 더러 있 겠지만 지방정부가 문제 해결의 중심이 될 것이다.

방콕은 전국 생산량 중 거의 절반을 차지한다.

지방정부도 코로나19 위기 이후로는 중앙정부 못지않게 예산 압박에 직면할 것이다. 개발도상국가의 도시는 기반시설 개발과 기후변화에 적응하기 위한 자금조달의 격차가 상당히 커질 것으로 보인다. 게다가 도시화로 도시·지방 사이의 사회적 격차가 악화될 것으로 보인다. 지방정부와 중앙정부의 문제 해결 전략이 갈라지면 지방과 도시의 확장된 거버넌스 역할로 정책의 일관성은 무너질지도 모른다.

통치 모델이 탄생할 것인가, 달라질 것인가?

전 세계로 확산된 대중의 불만과 큰 위기나 충격으로 통치 방식이나 유형, 이념에 심각한 변화 내지는 탈바꿈이 이뤄지는 상황이 무르익었다는 분위기가 조성될 수 있다. 전 지역에 걸친 이념적 변화는 이를테면, 세계대전이나 경제 붕괴 같이 위태로운 순간에 일어난다. 사람들은 대단히 중요한 문제를 해결하기 위해 과감한 체제 변화를 수용할 마음이 있기 때문이다. 하지만 공산주의나 자유 민주주의 수준의 새로운 통합적 이념이나 체제의 출현은 극히 드문 편이다. 또 다른 유행병이나 대규모 환경 재앙처럼 거버넌스의 단점을 노출시켜야 하는 압박 상황에서 역기능이 만연하다면 견인력을 얻을 수 있는 대안이나 새로운 유형이 무르익을 수도 있다.

대중의 불만이 만연하고 대규모 위기가 발발하면 전환에 필요한 기능을 강요하는 상황이 만들어질 것이다. 또한 대중의 불만을 어떤 새로운 것으로 전환시키려면 국민의 의욕을 고취시키는 리더십과 통합적 리더십이 복합적으로 필요하다. 정치적 연립을 구성하고 사회적 합의를 모으는 데 필요한 설득력 있는 사상이나 이념을 갖고 있는 리더십이 필요하다는 것이다. 새로운 이념과 접근법이 부족하거나 이념과 접근법이 너무 많거나 체제가 섞이면 중앙집권적 거버넌스와 국지적인 거버넌스부터 강력한 정부의 역할과 강력한 비국가의 역할, 민주주의와 권위주의, 세속과 종교, 애국주의와 국제주의에 이르기까지 여러 가지 중심축이 발생할 수 있다. 이러한 변화나 전환으로 옛 질서를 고수하는 지지층과 새로운 질서를 수용하려는 지지층 사이에 논쟁이 일어날 수밖에 없다.

거버넌스의 이러한 변화나 전환 혹은 새로운 거버넌스 모델은 본디 불확실해 예측하기가 어렵다는 특성을 갖고 있다. 혹시 이런 결과가 나타날지도 모를 일이다. 이를테면, 사람들이 중앙정부보다 지방정부가 문제를 더 잘 해결하고 신뢰할 만하다고 인식하면 도시나 광역도시가 거버넌스의 중심지로 부상할 것이다. 또한 민간 부문과 다른 비국가 주체들이 중앙정부를 추월하거나 복지와 안전을 해결하는 일차적 공급처를 대체할 것이다. 아울러 민주주의가 앞으로 일어날 글로벌 과제에 보다 잘 적응한다는 점이 입증된다면 민주주의는 부활을 경험할 것이다. 그렇지 않으면 기술을 주로 활용하는 중국식 독재적 자본주의 유형에 일부 영향을 받은 권위주의 물결에 세상이 굴복할 것이다. 더욱이 설득력 있는 새로운 거버넌스 유형이나 이념이 아직 구체화되거나 확인되지는 않았지만 곧 출현해서 확고히 자리를 잡을 수도 있다.

▌ 떠오르는 변수

국제사회_경쟁·불확실성·분쟁의 화약고

핵심 포인트

· 향후 20년간 국제사회에서는 확장하는 기술 권력과 네트워크 권력 및 정보 권력의 원동력과 특성을 아우르는 방향으로 발전할 것이다. 정보 권력은 기존의 군사 권력과 경제 권력, 문화 권력 같은 소프트 파워(softer power, 연성 권력−옮긴이)를 좀더 보완한다. 어떤 나라도 단독으로 전 지역과 모든 영역을 지배할 만한 자리에는 오르지 못할 것으로 보인다. 또한 자신의 이익을 꾀하려는 다수의 주체들에 문호를 개방하진 않을 것이다.

· 미국과 중국은 글로벌 관계에 엄청난 영향력을 행사하고 국제사회의 경쟁적인 비전과 자국의 중요 관심사를 반영하는 거버넌스를 지지할 것이다. 두 국가의 경쟁은 대다수 분야에 영향을 미치며 부담을 줄 것이다. 기존의 동맹국과 국제 조직 및 국제질서를 뒷받침했던 규범과 규정을 개정하는 사례도 나올 것이다.

· 이처럼 경쟁적인 글로벌 환경이라면 국가 간 분쟁은 증가할 것으로 보인다. 기술의 발전과 목표 범위의 확대, 분쟁과 다양한 주체의 새로운 경계, 더욱 어려워진 전쟁 억제력과 수용 가능한 조약 및 규범의 약화 내지는 부족 때문이다.

"

권력 관계로 더욱 불안하고
대립적인 지정학적 환경이 조성될
것으로 보인다. 아울러 다자주의가
재편되고, 초국가적 과제와 이를
해결하기 위한 협력체 사이의
격차가 벌어질 것이다.

향후 20년 동안 국제적 영향력을 얻기 위한 국가 간 경쟁이 냉전 이후 가장 높은 수준에 이를 것이다. 어떤 나라도 단독으로 모든 지역과 영역을 지배할 만한 자리에 오르지는 못할 것으로 보인다. 자신들의 이념과 목표, 이해관계를 발전시키기 위해 경쟁에 참여할 주체들이 더욱 광범위하게 많아질 것이다. 기술 권력과 네트워크 권력, 정보 권력을 확장하면 국제사회 내에서 기존의 군사 권력과 경제 권력, 소프트 파워 분야를 한층 보완할 것이다. 광범위한 주체가 더 쉽게 이용하게 될 권력 요소들은 이러한 기술을 개발한 리더에게 집중되기 쉬운 편이다.

앞서 밝힌 권력 관계로 더욱 불안하고 대립적인 지정학적 환경이 조성될 것으로 보인다. 아울러 다자주의가 재편되고, 초국가적 과제와 이를 해결하기 위한 협력체 사이의 격차가 벌어질 것이다. 경쟁 관계의 국가끼리 세계적인 규범과 규정, 제도를 형성하기 위해 다툴 것이다. 미국과 미국의 오래된 동맹국들과 중국은 글로벌 관계에 가장 큰 영향력을 행사할 뿐 아니라 국제사회의 경쟁적 비전과 자국의 가장 중요한 이해관계와 이념을 반영하는 거버넌스를 지지할 것이다. 이들 국가의 경쟁 관계는 대부분 지역에 영향을 미치며 압박을 가할 것이다. 기존의 동맹 관계와 수십 년 동안 국제질서를 뒷받침한 국제조직을 다시 만드는 사례도 일부 생길 것이다.

이념적 차이와 거버넌스 모델의 분열이 확고해지고 권력 이동의 가속화로 경쟁이 단계적으로 크게 증가할 것이다. 하지만 이들의 경쟁은 냉전 당시 미국·소련의 경쟁 관계와 같지는 않을 것으로 보인다. 성과를 내는 국제사회 주체들의 범위가 훨씬 다양하고, 여러 국가가 서로 의존하는가 하면 배타적인 이념적 경계선 또한 훨씬 적기 때문이다. 주요 지역에 대한 우월한 권력이나 글로벌 합의가 부족한 탓에 다른 주체가 각자의 이권을 주도하거나 추진할 기회가 생길 것이다. 또한 EU와 인도, 일본, 러시아 및 영국은 지정학적·경제적 성과를 만드는 데 중요한 역할을 할 공산이 크다.

이처럼 경쟁이 치열해진 환경에 기술이 급속도로 부상하면서 분쟁이 벌어질 가능성이 고조되어, 각국이 혼전양상을 띤 지역에 대한 규정과 규범 및 경계를 확립하기 전에는 불안은 더욱 가중될 것으로 보인다. 각국은 파괴적인 재래식 전략 무기를 비롯하여, 시민과 군사기반시설을 겨냥한 사이버 활동과 혼란스러운 허위 정보가 얽힌 복합적인 상황에 직면할 것이다. 이란과 북한 같은 훼방 국가를 비롯한 지역의 주체가 자국의 목표와 이권을 쟁취하기 위해 분투하므로 국제사회는 변동과 불확실성이 더욱 가중될 것이다. 아울러 이러한 국제사회에서 특히 자국을 지배하는 규정과 조약이 계속 약화되거나 뒤처질 경우 각국은 안정적인 전쟁 억제를 위해 애를 쓸지도 모른다.

권력의 근간과 구성 요소의 변화

향후 20년 동안 국제사회 내에서 권력의 근간이 확장되고 재분배될 것으로 보인다. 한 나라의 경제, 군사, 인구 규모와 기술의 발전 수준으로 측정되는 물리적 권력material power은 권력을 행사하는 데 필요한 토대를 제공하는 것이지만 좋은 성과를 얻어내고 유지하는 데는 부족할 것이다. 심지어는 더욱 과하게 연결된 초연결 세상에서 국가와 기업, 사람을 비롯하여 다른 주체들의 활동을 수정하고 형성하는 데 필요한 응용기술, 인적 자본, 정보, 네트워크 위치가 권력에 포함될 것이다. 한 나라의 엔터테인먼트와 스포츠, 관광, 교육 기관의 매력 또한 해당 나라의 영향력을 행사하는 중요한 원동력으로 남을 것이다. 극심한 기상이변과 인본주의의 위기 같은 글로벌 변화가 강화될수록 충격과 체제적 변화에 대응할 수 있는 국가의 회복력을 키우고 다른 나라를 도우려는 의지와 능력은 국력의 더 중요한 요소가 될 것이다. 수년 이내에 외교력과 네트워크 중심성, 회복력이 결합된 물리적 권력을 가장 잘 활용하는 동시에 이를 잘 통합할 수 있는 정부 및 비국가 주체들이 오랫동안 지속 가능하고도 가장 중요한 글로벌 영향력을 미치게 될 것이다.

물리적 권력

군사력과 경제 규모는 자국의 이해관계와 정책을 다른 나라가 고려하도록 설득하는 국가의 역량과 권력투사power projection의 토대로 남을 것이다. 나라마다 이와 같은 두 가지 분야의 권력이 있어야 국가의 안보를 지키고 다른 권력 요소를 가능하게 만드는 자원을 축적할 수 있다.

기술 권력

기술, 특히 군사 기술은 한 나라의 안보와 글로벌 영향력의 중심으로 계속 남을 것이다. 하지만 앞으로는 첨단 인공지능과 바이오테크놀로지(생명공학), 데이터 주도의 의사결정이 있어야만 국가는 경제성장과, 제조, 의료 서비스, 사회적 회복력과 같은 다양한 분야의 혜택을 누릴 수 있다. 이런 기술 덕분에 정부 및 비국가 주체들은 선도자 우위의 이득을 누리고, 사람들의 의견과 의사결정을 형성할 수 있고 경쟁자들을 이길 수 있는 정보의 이점을 얻고 미래의 충격에 잘 대처할 수 있다.

인적 자본

탄탄한 노동인구와 보편적인 기초교육과 과학, 공학, 수학, 비판적인 사고력의 집중 교육을 비롯하여 유리한 인구 구조는 혁신과 기술의 발전, 경제성장, 회복력에 필요한 요소로 남을 것이다. 라틴아메리카와 동남아시아를 비롯하여 노동인구가 큰 지역이 교육과 일련의 기술, 사회 기반시설을 개선할 수 있다면 잠재적 경제력의 새로운 근간을 보유하게 될 것이다. 반면 노령인구는 늘고 인구수는 줄어드는 유럽과 아시아는 이렇게 약해진 권력 요소를 피하려면 일자리를 늘릴 방법을 찾아야만 할 것이다.

네트워크와 접속점

나라와 기업은 텔레커뮤니케이션(전기통신)과 재정, 데이터의 흐름, 제조 공급망을 비롯하여 교류의 장을 장악하면 중요한 정보를 얻을 수 있는 능력을 갖게 되며 경쟁 상대의 접근을 거부하고 심지어는 경쟁 상대의 행동마저 강압할 수 있다. 이렇게 미국과 유럽 및 중국에 부적절하게 집중된 대부분의 네트워크는 수십 년에 걸쳐 확고히 자리를 잡아 변경이 어려워질 것이다. 중국의 테크놀로지 기업이 미국이나 유럽의 테크놀로지 기업과 일부 지역에서 공동으로 우위를 떨치면, 예컨대 중국은 커뮤니케이션이나 데이터 흐름에 접근하기 위해 특권을 가진 위치를 악용할 수 있다. 하지만 이런 유형의 권력을 위압적으로 행사하면 다른 나라의 반발을 살 수 있는 위험성이 있고 시간이 갈수록 효율성도 떨어지게 마련이다.

정보와 영향력

국제사회 내에서 설득력 있는 아이디어와 무용담을 갖고 있다면 다른 주체들의 태도와 우선순위를 형성할 수 있고 다른 유형의 권력 행사에 정당성을 부여할 수 있다. 또한 어떤 사회든 문화와 엔터테인먼트, 전시, 스포츠, 라이프스타일, 기술혁신을 비롯한 소프트 파워의 매력을 갖고 있으면 다른 나라 국민의 상상력을 자극할 수 있다. 관광과 해외 유학, 특히 고급 수준의 교육이 있으면 국가의 매력을 키울 수 있다. 정부와 비국가 주체들이 공공 외교와 공영 미디어부터 보다 은밀한 영향력 행사에 이르기까지 정보 기술을 갖고 있으면 외국의 대중 및 엘리트 계층의 의견과 정책 수립에 직접 영향력을 행사할 수 있는 전례 없는 능력을 갖게 될 것이다. 중국과 러시아는 미국과 유럽 내 자국민을 대상으로 분명 이를 시도할 것이며, 서양의 쇠퇴나 세력 확장에 대한 일화를 홍보할 것이다. 또한 두 나라는 다른 지역에서 세력을 확장할 가능성이 높다. 아프리카에서는 이미 활발하게 세력을 확장하고 있다.

회복력

세상이 더 깊게 연결될수록 세상 전체에 영향을 미치는 충격이 점점 더 흔해지고 강도도 더 세지며 2차 효과도 더 많이 생성되고 있다. 정부가 이런 충격을 이겨내고, 관리하고, 균형을 되찾아서 자국에서 정통성을 갖게 된다면 권력을 계획해서 외국에 영향력을 행사할 수 있는 더 좋은 능력을 갖게 될 것이다. 하지만 회복력의 수립은 사회 속에 축적된 신뢰와 대중과 리더 간의 신뢰에 달려 있다. 또한 사회에 균열이 많을수록 회복력을 발휘하기가 더 어려울 것으로 보인다.

대리권을 확고히 세우는 주체들

권력의 근간에 세계적 규모의 확대와 변화가 일어난다면 글로벌 관계에 참여하는 주체와 이들의 역할에도 변화가 일어날 것이다. 어떤 주체도 단독으로 모든 지역과 영역을 장악할 수 있는 자리에 오르거나, 다양한 주체들에게 기회를 제공하거나, 혹은 모든 문제에 걸쳐 경쟁을 과열시킬 수 없을 것이다. 중국과 미국 간 대립이 커지면서 가까운 동맹국들은 글로벌 무역과 정보 흐름, 기술의 변화 방향과 속도, 국가 간 분쟁 가능성과 결과, 지속 가능한 환경 문제를 비롯하여 글로벌 역학 관계에 미치는 영향을 가장 광범위하고 깊게 받을 것으로 보인다. 가장 보통으로 추산해도 중국은 군사, 경제, 기술의 발전을 계속 유지할 태세를 갖출 것이다. 특히 아시아에서 글로벌 균형에 변화를 가져올 것이다.

국제적 지위를 강하게 요구하는 중국

향후 20년 이내에 중국은 아시아에서 지배권을 확고히 세우고 세계에 더 큰 영향력을 행사할 방안을 분명히 찾아볼 것이다. 그와 동시에 전략상 과도한 의무가 있다고 간주되는 주변 지역을 피할 방법을 찾을 것이다. 아시아에서 중국은 무역, 자원 개발, 영토 분쟁 분야에서 존중을 기대하고 있다. 중국은 미국과 미국의 동맹국들이 주둔한 지역에 위험을 고조시키기 위해 군사력을 동원하고, 미군 기지에 접근하려는 미국의 동맹국과 동반자 국가들을 막기 위해 압박을 가할 것으로 보인다. 중국은 자국에 대항하면 혹독한 결과가 일어날 것이라며 경고하는 동시에 교전의 이득에 대해 과하게 홍보할 것이 분명하다. 중국의 지도자들은 2040년이 되면 지속적이고 강력한 강압을 통해 대만이 통일 쪽으로 생각을 바꿀 것이라고 분명히 기대하고 있다.

중국은 물리적 기반시설 조직과 소프트웨어 플랫폼, 무역 규정을 자체적으로 강화하려고 노력할 것이다. 또한 기술·경제 경쟁의 글로벌 라인을 더 분명히 하고, 일부 지역에 서로 적대적인 분열 체제를 더 많이 만들 것이다. 중국은 여러 나라를 더 가깝게 묶고, 자국의 이해관계에 맞게 엘리트 계층을 조정하기 위해, 기반시설과 기술 기반의 개발 프로그램을 활용할 것이다. 중동과 인도양 지역의 동반자 국가들과 경제적 통합을 계속 확장하고 중앙아시아와 대서양 지역에서 자국의 경제적 침투를 확장하고 대항력 있는 연합정부의 출현을 막기 위해 노력할 것이다. 중국은 우호적인 여러 정부를 지지하기 위해 자국의 정교한 감시 기술의 수출을 늘리고 의뢰인 정권에 영향력을 미치며 데이터 생성의 상업적 기회를 만들 것이다. 또한 중국은 동아시아와 다른 지역에 막강한 군사력을 행사하기 위해 기술의 발전을 활용할 것으로 보인다. 하지만 대규모 군대 배치보다는 해군을 기반으로 한 맞춤형 배치를 선호할 것이다. 이와 동시에 중국은 미국 및 서방 주도의 네트워크, 특히 금융과 제조 같은 상호의존성이 무척 큰 분야를 두고는 중요한 연결 관계를 유지하려고 노력할 것이 분명하다.

중국은 갈수록 힘이 커지는 자국의 권력과 영향력에 맞게 현재 맞닥뜨린 글로벌 과제에 대한 반응을 이끄는 데 훨씬 더 중요한 역할을 맡을 것으로 보인다. 그런데 중국도 자국의 이해관계에 맞는 반응을 형성하고 우선순위를 만드는 데 더 큰 발언권을 기대할 것이다. 중국은 다른 나라들이 기존의 과제를 해결하는 비용을 벌충하기를 바랄 것이다.

중국이 주목을 받고 자원을 얻기 위해 경쟁해야 할 국내 문제가 산적하기 때문이다. 중국 공산당은 잠재적 금융위기, 노동인구의 급속한 고령화, 생산성 성장의 둔화, 환경 압박, 노동 비용의 증가, 중국 공산당의 목표를 성취하기 위한 능력의 약화 등을 겪을 수 있다. 이슬람 및 기독교 공동체의 억압을 비롯하여 중국의 공격적인 외교와 인권 침해로 중국의 영향력, 특히 소프트 파워가 제한될 수 있다.

기타 강대국

향후 20년 동안 러시아, 유럽연합EU, 일본, 영국 및 (잠재적으로) 인도를 비롯하여 다른 강대국이 영향력을 행사하기 위해 책략을 행사할 수 있다. 이들 국가는 발전적 규범과 규정, 지정학적·경제적 성과를 이끌어내는 데 중요한 자리를 차지할 것으로 보인다.

러시아는 향후 20년 동안 혹은 그 이상의 기간 동안 다른 강대국에 비해 물리적 역량이 상대적으로 떨어지는데도 파괴적인 권력을 행사할 것으로 보인다. 러시아는 상당한 규모의 재래식 군대와 대량살상무기, 에너지 및 광물자원, 광활한 지형, 해외에 군사력을 파견하려는 의지를 비롯한 여러 가지 장점 덕분에 구소련 시절의 공간과 때로는 더 먼 지역에서 실세 역할을 지속할 수 있을 것이다. 또한 서방의 분열을 증폭하려고 계속 노력할 것이 분명하다. 그리고 아프리카와 중동, 그 이상의 지역에서 친밀한 관계를 맺을 가능성이 아주 높다. 러시아는 분명 경제적 기회를 찾을 것이며 대서양에서 자국의 위상을 높이려는 나라가 많아질수록 그 지역에서 우세한 군사적 지위를 세우려고 할 것이 분명하다. 하지만 투자 환경이 빈약하고 가격이 불안한 원자재 의존도가 높고 국내총생산의 대략 2퍼센트로 경제 규모를 작게 계획한 점을 고려해 볼 때, 러시아는 글로벌 영향력을 행사하고 유지하는 게 힘들지도 모른다.

블라디미르 푸틴 대통령의 임기가 끝나는 2024년 말이나 혹은 그 후에는 러시아의 지정학적 지위가 더 급속히 약화될 수 있다. 특히 국내의 불안정이 뒤따른다면 그런 가능성은 더 커질 수 있다. 이와 마찬가지로 新재생에너지나 원유 공급처의 다변화를 통해 러시아에 대한 유럽의 에너지 의존도가 감소한다면, 특히 아시아 수출로 유럽의 에너지 의존도 감소를 상쇄시킬 수 없다면 러시아 정부의 수익 창출과 전반적인 역량을 약화시킬 것이다.

EU는 커다란 시장 규모와 국제규범을 오랫동안 이끈 리더십 덕분에 특히 다른 회원국의 추가적인 탈퇴를 막고 글로벌 경쟁과 초국가적 난제를 다룰 공통의 전략에 대해 합의를 볼 수 있다면, 향후 몇 십 년 동안 엄청난 영향력을 계속 유지할 수 있을 것이다. EU는 단일시장의 경제적 무게감을 갖고 있기에 무역과 공식적 허가, 기술 규제, 환경 및 투자 정책에 대해 지정학적 영향력을 계속 갖게 될 것이다. EU 이외의 나라들은 자국의 표준과 규제를 정할 때 EU 정책을 주로 모범으로 삼고 있다. 유럽연합의 군사력은 일부 회원국의 기대치 미치지 못할 것으로 보인다. 경쟁 우선순위와 장기적인 투자가 부족하기 때문이다. EU의 방위비 지출은 코로나19 이후 다른 재정 지출과 경쟁할 것이다. 또한 EU의 안보 계획은 러시아에 대항할 수 있는 북대서양조약기구(North Atlantic Treaty Organization, NATO)에서 벗어날 만한 군사력을 내놓을 순 없을 것 같다.

영국은 막강한 군사력과 금융 부문과 세계적인 주목도를 고려해볼 때, 기대 이상의 글로벌 영향력을 계속 발휘할 것으로 보인다. 글로벌 영향력에 핵 역량과 유엔 안전보장이사회의 영구 회원 자격이 더해졌다. EU 탈퇴로 제기된 경제적·정치적 문제를 관리하는 것은 영국의 주요 과제가 될 것이다. 이를 잘 관리하지 못한다면 영국은 분열되고 글로벌 영향력을 유지하기가 힘들어질 수도 있다.

일본은 높은 교육 수준과 기술혁신에 기인한 경제 규모를 유지하는데다 무역과 공급망 조직을 통합하는 자리에 있기에 아시아와 아시아를 넘어 강력한 영향력을 계속 유지할 것이다. 일본은 가장 큰 무역 파트너이자 지역의 주요 경쟁 상대인 중국에 매우 높은 경제적 의존도를 계속 유지할 것으로 보인다. 또한 미국과 가까운 동맹 관계를 계속 유지할 것으로 보인다. 특히 안보 및 경제 관계를 다양하게 확보하려고 호주와 인도, 대만, 베트남과의 관계를 넓히기 위해 노력할 것이다. 또한 일본은 선진국 가운데 노령인구가 가장 많아서 유연한 이민 정책으로 해결해야 할 노동인구 감소, 수요 감소와 경제성장, 디플레이션, 저축률 감소, 정부 부채의 증가를 비롯하여 갈수록 심각해지는 인구 문제와 거시경제 문제에 직면할 것이다.

인도는 2027년이 되면 세계 최고의 인구 대국이 될 것으로 추정되는 인구 규모와 지형, 전략 무기, 경제 및 기술 분야의 가능성 덕분에 글로벌 영향력을 획득할 가능성이 있다. 하지만 동남아시아 이외의 지역에도 영향력을 행사하려면 자국의 발전 목표를 성취해야 한다. 중국과 미국이 경쟁하는 상황에서 인도는 보다 독립적인 역할을 개척하기 위해 노력할 것으로 보인다. 인도가 급부상하는 중국에 맞서기 위해 다자간 안보 구축에 깊숙이 개입하기 위해서는 서방의 영향력에서 벗어나야 한다. 이렇게 전략적 자치권을 얻기 위한 장기간 책무의 균형을 맞추기 위해 어려움을 겪을 수도 있다. 인도는 거버넌스·사회·경제·환경·안보 등 심각한 문제에 직면할 것이다. 이런 문제로 공격적인 글로벌 외교 정책에 필요한 군사와 외교 역량에 대한 투자가 제한될 수 있다.

더 큰 영향력을 추구하는 주변 국가

이처럼 경쟁적인 환경에서 호주와 브라질, 인도네시아, 이란, 나이지리아, 사우디아라비아, 터키, 아랍 에미리트 연합국 같은 주변 국가들이 지역의 안보를 강화하거나 영향력을 얻기 위해, 새로운 기회를 활용하거나 예전에 강대국이 점유했던 역할을 담당하려고 노력할 것이 분명하다. 향후 20년 동안 더 큰 역할과 영향력을 추구하는 주변 국가의 결합은 변화를 맞이하고, 변화 능력과 다양한 정부의 리더십 목표와 여러 기회를 반영한 것이다. 이들 주변 국가는 최대한의 보상을 받기 위해 커다란 영향력을 행사하려고 노력하는 동시에 원치 않는 분쟁 상황에 내몰리지 않으려고 노력할 것이다. 이들 주변 국가는 영향력을 행사하기 위해 연합체를 자체로 건립하거나 지역 연합의 강화를 추구할지도 모른다. 또한 일부 글로벌 과제에 대처하기 위해 서로 협조할 수도 있지만 지역 내에서 발생하는 분쟁에 보다 적극적으로 행동을 취할 수도 있다. 자국의 주요 장점을 강화된 영향력으로 전환시키려면 자국의 거버넌스 난제를 극복하고, 코로나19 유행병과 다른 충격을 재빨리 극복하고, 이웃국가와 좋은 관계를 유지하는 게 결정적으로 필요하다. 일부 국가는 비국가 주체의 위협과 테러, 집단 이주, 디지털 프라이버시(digital privacy, 온라인상에서 보호받아야 하는 권리—옮긴이)를 비롯하여 주변 국가 수준의 과제를 담당하는 데 결정적인 역할을 맡게 될 것이다.

막강한 권력과 영향력을 행사하는 비국가 주체

NGO와 종교 단체, 초대형 테크놀로지 기업과 같은 비국가 주체들이 보완하거나 경쟁하거나 우회할만한 대안 네트워크를 세우거나, 홍보하기 위해 자원 획득과 글로벌 확장을 꾀할 것이다. 지난 수십 년 동안 비국가 주체들은 초국가적 움직임으로 전 세계 사람들에게 영향력을 행사하거나 집단행동에 필요한 국제적 유대감을 활용했다. 이들 주체들이

로비활동을 벌이는 리더와 동원된 시민을 통해 정부의 활동을 형성하거나 억제한 일부 사례를 볼 수 있다. 비국가 주체들의 영향력은 다양해지고 정부 개입의 주체가 될 수 있다. 중국과 EU, 다른 국가는 이미 초대형 기업을 규제하거나 무너뜨릴 움직임을 취하고 있다. 동시에 중국은 NGO와 종교단체를 통제하거나 억누르려 하고 있다. 많은 비국가 주체들이 사이버 공간과 우주를 비롯하여 새로운 지평 안에서 통치권을 굳히려는 국가의 노력에 반발하려고 노력할 것으로 보인다.

인공지능을 활용한 선전을 강화하려는 지정학적 경쟁

세상이 디지털 방식으로 연결된 상황에서 몰입형 정보기술의 발전과 디지털 마케팅 기술의 광범위한 접근이 가능해졌다. 이러한 기술 덕분에 거의 모든 사회에 반대할 수 있는 활동에 정보가 커다란 영향을 미칠 수 있는 가능성이 활짝 열렸다.

정부 및 비국가 주체들은 사람들이 정보를 받아들이고 해석하고 정보에 따라 행동하는 방식을 조작하기 위해, 인지 조작과 사회적 대립을 단계적으로 증가시키는 수단을 비롯하여 사람들에게 영향력을 행사할 만한 수단을 활용하는 것은 거의 확실하다. 중국, 러시아를 비롯하여 여러 나라가 자국의 정보 캠페인을 보다 기민하게 만들고, 탐지하기 어렵게 하고, 논쟁을 어렵게 만들기 위해 기술혁신을 적용할 것으로 보인다. 이들 국가가 미디어 콘텐츠와 보급 수단을 더 많이 통제하려고 노력하기 때문이다.

정부 및 비국가 주체들은 소규모 인원을 특정 고객으로 삼아 메시지를 전달하기 위해 소비자 행동 데이터와 마케팅 기술을 더 많이 활용할 수 있다. 대규모 인원에게 소통을 맞추기 위해 인공지능과 사물인터넷, 다른 수단을 지렛대로 이용한 선전을 활용할 수 있고, 거의 실시간으로 통신을 조정할 수 있다.

또한 행동에 관한 빅데이터로 인간 심리와 행동 속에서 통계에 근거한 패턴을 파악하고, 중대한 예측력과 개인적인 것으로 국한시키는 영향력을 발휘할 수도 있다. 중요한 규제가 존재한지 않으면 홍보 회사와 정치 자문위원들은 허위 정보를 정시에 제공할 수 있고, 정치 제도에 대한 대중의 불신을 키울 수 있다.

경쟁 과열로 변모하는 국제질서

냉전 말기 이후, 글로벌 권력이 계속 바뀌면서 여러 문제에 대한 행동을 지배하고 인도한 규범과 여러 국가의 관계와 제도는 많은 문제에 직면할 것으로 보인다. 중국과 러시아, 다른 국가들이 더 큰 발언권을 요구하는 몇 년 동안, 숱한 난제에 직면한 이들 분야에서 경쟁이 늘고 있다. 이들 국가의 의견 충돌로 국가의 임무를 강화하고, 관계기관과 동맹국의 지위를 강화하고, 기존 및 최근 불거진 문제에 대처하는 이들 국가의 역량에 대한 불확실성이 커질 것으로 보인다. 시간이 지나면서 이러한 국제질서 중 일부를 포기하는 국가가 나올 수도 있다.

중국과 러시아가 주도하는 수정주의 세력이 자국의 이해관계를 더 잘 반영하고 통치 시스템을 수용하기 위해 국제질서의 재편을 추진하고 있다. 중국과 러시아는 자국과 자국의 영향권이라고 인정하는 곳에서 무사히 행동하기 위해 서방에서 유래한 규범을 생략한 질서를 계속 지지하고 있다. 이들 국가는 정부의 역할과 인권에 대한 대안적인 비전을 옹호하면서 서방의 영향력을 끌어내릴 방법을 찾고 있다. 하지만 이들 국가의 대안 모델은 서로 확연히 다르다. 러시아는 기존의 가치와 자국 주도로 유라시아 대부분을 지배하겠다는 포부를 홍보하고 있다. 중국은 자국의 현 사회체제, 즉 중국 공산당의 단독 권력과 사회 전반에 걸친 통제, 사회주의 시장경제, 특혜무역제도를 세계가 널리 받아들이기를 바라고 있다.

이념 경쟁의 확산

대립되는 통치 체제와 벌이는 다차원적 경쟁은 성격상 권력 투쟁에 이념적 차원이 추가될 가능성이 있다. 서서히 전개되는 지정학적 경쟁에 냉전 시기만큼 이념적 강렬함이 드러나지는 않지만 중국의 지도부는 이미 자국이 미국과 장기간의 이념적 투쟁을 벌이고 있다고 인식하고 있다. 이념 대립은 주로 국제기구, 표준화 토론회, 지역발전계획, 공공외교 실태 속에서 승부를 짓게 마련이다.

　서방의 민주 정부는 서방 주도의 정치 질서에 더 적극적으로 대항하는 중국과 러시아 때문에 씨름할 것이 분명하다. 중국과 러시아는 민주 정권이 수립·장악한 국제질서 속에서 양측 모두 안심한 적이 없다. 또한 이들 국가는 자국과 영향력을 미칠 수 있는 지역 내에서 자국의 절대 권력을 보호하기 위해 주권에 의거한 국제질서를 촉진하고 있다. 중국과 러시아는 이런 생각과 이데올로기 공간을 군대를 동원하지 않고 경쟁할 수 있는 기회라고 여긴다. 러시아는 외국인들에게 냉소주의를 일으키고, 제도 내에 신뢰를 줄이고, 음모론을 홍보하고, 사회 속에 쐐기를 박을 목표를 갖고 있다. 정부 및 비국가 주체들이 이념적 서사 우월주의를 얻으려고 다투며 디지털 소통 플랫폼과 정보를 보급하는 다른 수단에 대한 통제는 점점 더 심각해질 것이다.

트레이드오프에 직면한 국가의 관계
　더욱 경쟁적인 지정학적 환경에서 많은 나라들은 다양한 관계, 특히 경제적 유대를 유지하기를 바랄 것이다. 하지만 시간이 지나면서 중국과 러시아, 다른 나라들은 정치적, 경제적 우선순위와 안보 우선수위, 국가 관계에 대해 더 냉혹한 선택을 내놓을 것으로 보인다. 일부 나라는 안보와 무역, 경제적 이해관계의 균형을 맞추기 위해 융통성이 큰 동반자 관계와 즉석에서 제시하는 느슨한 협의 쪽으로 더 기울어질 수 있다. 유럽과 아시아의 오랜 안보 동맹국들은 안보 위협과 동반자 신뢰도에 대한 우려, 경제적 강제 등 국내 인식의 통합을 이뤄야 한다는 큰 압박감을 느낄 것이다. 그러나 중국과 러시아가 압박을 단계적으로 계속 늘린다면 이들 국가의 행동은 자국과 뜻이 맞는 동맹국 사이에 새로운 안보 관계를 다시 강화하거나 새로 만들어 압박을 무시할 수 있게 될 것이다.

중국과 러시아는 공식적인 동맹 관계를 서로 피할 것이다. 상호안전 보장 개입은 피하면서 업무적 관계에 호의적인 영향력을 행사하고, 경제적·군사적 강압을 선택적으로 행사할 수 있는 다른 많은 나라와도 공식적인 동맹 관계를 계속 피할 것이다. 중국과 러시아는 시진핑 주석과 푸틴 대통령이 권력을 유지하는 한, 강한 동맹 관계를 유지할 것으로 보인다. 하지만 수년 이내에 권력의 차이가 커질수록 북극과 중앙아시아의 일부 지역에 대한 의견의 불일치가 커질 수도 있다.

경쟁으로 약화되는 국제기구

서방이 주도하는 국제질서를 수십 년 동안 뒷받침했던 정부 간 글로벌 기구인 유엔과 세계은행 및 세계무역기구WTO를 비롯하여 대다수 국제기구가 정치적 교착상태로 난관에 빠졌다. 초국가적 난제에 대한 이들 국제기구의 대처 능력은 떨어지는 반면, 즉석에서 마련된 연합체와 지역적 국제기구에 대한 선호도는 증가하고 있다. 국제기구 중 대다수는 경쟁 세력 때문에 외교 전쟁터로 남거나 국제기구에서 퇴출될 것으로 보인다.

앞날을 생각해보면 이들 국제기구는 수용력과 승인 회원국뿐 아니라, 기후변화와 이민, 경제위기 같은 초국가적 과제에 효율적으로 대처할 자원도 부족할 것으로 보인다. 이들 과제는 국제기구의 권한을 초과하는 사례가 대부분이다. 회원국의 국가 재정 문제는 분담금 감소로 해석될 수 있고 딱딱한 의사결정 구조와 견고하게 확립된 이해관계는 국제기구를 재형성하거나 적응하는 능력을 제한할 것이다. 이들 국제기구는 이를테면, 사하라이남 아프리카의 전염병 대응과 아시아의 사회기반시설 자금조달, 인공지능, 바이오테크놀로지 거버넌스 같은 지역적 국제기구가 주도하는 계획이나 다른 거버넌스 협의 방식으로 일을 진행할 것이 분명하다. 이미 자리를 잡은 국제기구의 효율성과 향후 주안점은 기구를 개혁하고 자원을 제공하려는 회원국의 정치적 의지가 중요한데, 특히 자리를 잡은 국가들이 중국과 인도처럼 새로 부상하는 나라를 수용하려는 범위도 중요할 것이다. 세계무역기구는 앞으로 담당하게 될 역할과 더 원대한 협력을 조성하고 무역 거래를 개시하는 능력을 둘러싼 불확실성이 무척 클 것으로 보인다. 국가마다 보호주의를 지향하고 경쟁국이 서로를 배척하려고 연합체를 구성하기 때문이다. 반면 국제통화기금 IMF은 기구의 독특한 역할과 조건부 원조채무 재구성에 대한 높은 수요로 국제사회의 중심이 될 가능성이 아주 높아 보인다. 하지만 국제통화기금 권한 밖의 국가 부채 증가는 큰 문제가 될 것이다. 이와 유사하게 바젤협약Basel Accords과 국제인터넷 표준화기구Internet Engineering Task Force처럼 글로벌 금융 및 보험, 기술 시스템을 규제하는 다중 투자자 협약과 기구는 수요가 무척 높을 것이다.

중국과 러시아가 서방 주도의 계획을 방해하고 서방의 목표를 억누르면서 정부 간 기구(intergovernmental organization, 정부 간 협정으로 설립된 정부 국제조직—옮긴이)를 담당하는 서방 지도부의 위상은 더 쇠퇴할 수 있다. 중국은 기존의 국제기구가 중국의 발전과 디지털 거버넌스 목표를 반영하도록 변경하고, 중국의 인권 실태에 대한 비판과 인프라 금융을 완화하도록 노력하고 있다. 이와 동시에 新실크로드계획Belt and Road Initiative과 신개발은행New Development Bank, 상하이협력기구Shanghai Cooperation Organization, 역내포괄적경제동반자협정Regional Comprehensive Economic Partnership을 비롯하여 개발과 사회기반시설의 자금조달과 지역통합을 자체적으로 밀어붙이기 위해 대안적 협의 기구를 자체적으로 건설하고 있다. 지난 5년 동안 러시아는 안전 보호 장치를 강화하고 화학무기를 감시하려는 국제사회의 노력을 방해하기 위해 노력했으며 반체제인사를 추적하기 위해 국제형사경찰기구INTERPOL를 동원했다.

대다수의 글로벌 다자간 기구가 지속적으로 제 역할을 수행하지 못하면서 사헬 지역의 극단주의자들에 반대하는 G5 사헬합동군G5 Shel Joint Force과 글로벌 백신 동맹, 채굴업계의 투명성을 더 끌어올리기 위한 글로벌 협정처럼 비공식 다중주체협정에 초점이 맞춰질 것으로 보인다. 이들 단체 중 일부는 지극히 중요한 능력의 차이를 메울 가능성이 있다. 하지만 이들 단체가 장기적인 영향력을 미치려면 필요한 자원과 정치적 동의, 강대국과 주변국의 지도부를 끌어 모을 수 있는 능력이 중요하다. 특히 사하라이남의 아프리카와 유럽 및 동남아시아 같은 일부 지역은 지역 기구와 통합을 계속 강화하겠지만 다른 지역은 오래된 내부 분열 때문에 협조하기 힘들 것으로 보인다.

전장이 되어버린 표준화

국제표준약관International standards agreements은 시장의 불확실성을 감소시키고 규범을 확립해서 새로운 기술의 출현을 지원한다. 표준화 기구의 회원 간 경쟁이 갈수록 치열해지고 있다. 이들 기구가 시장에 진입하는 기술을 직접 선정하는데 그 선정 방식에 영향력을 행사하고 기술 생산회사가 이득을 얻기 때문이다. 기술의 표준화는 미국과 그 동맹국들이 오랫동안 지배력을 발휘했다. 향후 10년 혹은 그 이상을 결정짓게 될 기술 표준화 설립에 이제 중국이 보다 큰 역할을 담당하기 위해 공격적으로 움직이고 있다. 예컨대, 국제표준화 단체가 바이오테크놀로지 연구와 응용, 글로벌 통신 표준화, 지적재산권 표준화 분야에서 미래의 윤리적 표준을 결정하는 데 중대한 역할을 할 것으로 보인다.

글로벌 규범 경쟁

다양한 주체들이 인권 존중부터 민주주의 제도 및 전투 지휘에 이르기까지 글로벌 규범을 폭넓게 형성하고 홍보하는 경쟁에 참여할 것이다. 포퓰리스트의 반발을 경험했던 일부 민주주의 국가가 시민의 자유와 개인의 권리를 보호했던 규범의 우승자로서 오랫동안 담당했던 역할을 포기하고 있다. 이와 동시에 중국과 러시아는 자국의 가치를 계속 강조하고 자국이 보기에 서방 중심적인 특히 냉전 말기 이후 널리 통용된 규범에 반발하면서 자국 주도의 독재적 권력으로 견인력을 얻었다. 인권을 옹호하기 위해 회원 국가의 내정에 간섭하는 규범을 예로 들 수 있다.

향후 20년 동안, 이 같은 경쟁으로 이미 수립된 많은 규범을 계속 이행하기는 더 어려워질 것이다. 또한 사이버 공간과 우주, 해저 및 북극을 포함에 새로운 영역 내에서 활동을 규제하기 위한 새로운 규범을 개발하는 것도 어려워질 것이다. 기존의 제도와 규범은 바이오테크놀로지, 사이버, 환경적 대응처럼 계속 발전하는 영역에는 잘 맞지 않고 우주에서 작업하는 새로운 주체들과도 맞지 않기 때문이다. 규범을 제정하려는 노력은 합의에 근거한 세계적인 회원 제도에서 벗어나 지역 주도의 보다 협소한 계획으로 바뀔 수 있다. 대신 많은 나라가 일방적 조치의 위험성이 증가하는 것을 인식하거나 막강한 비국가 주체들이 새로운 지침을 지원하기 위해 힘을 쓴다면—특히 최근 생겨난 기술의 활용을 감안한다면—새로운 규범은 탄력을 받을 수도 있다.

국제규범의 전망

이의 가능성이 가장 낮은 규범	지역마다 달라질 가능성이 큰 규범	10년 내에 글로벌 영향력이 약화될 가능성이 큰 규범	걸음마 단계의 규범
설명: 비난을 가장 많이 받는 위반 혹은 침해에 대해 국가마다 광범위하게 수용하는 규범	**설명:** 다양한 지역에서 서로 달리 수용될 수 있는 규범	**설명:** 최소한 강대국 한 곳이 이행을 위반하거나 축소 혹은 중단할 규범	**설명:** 정식으로 성문화되지 않았거나 폭넓은 합의가 이뤄지지 않았거나 혹은 향후 협의도 명확하지 않은 규범
• 주권 • 영토 보전 • 대량살상에 대한 국제형사 책임 • 군사 쿠데타 금지 • 대량 학살 금지 • 고문 금지 • 자위권 • 소년병	• 항해의 자유 • 지적재산권 • 디지털 프라이버시 • 보호책임 • 환경 보전법 • 무력 분쟁 지휘 • 아동 결혼	• 군비 제한/확산 방지 • 시민/정치적 권리 • 난민 억압 방지 및 재정착 • 여성 인권 및 출산권 • 통상권 • 법치 • 민주 제도	• 바이오테크놀로지 • 인공지능 • 사이버 보안 및 분쟁 • 북극 접근과 자원채취

국가 간 분쟁의 위험성 증가

이처럼 경쟁이 가열된 글로벌 환경에서 기술의 발전과 목표 범위의 확장, 더욱 다양해진 주체들, 전쟁 억제가 더 까다로운 관계, 수용 가능한 조약과 규범의 격차 약화로 국가 간 분쟁의 위험성이 증가할 것으로 보인다. 몇몇 군사 강대국은 고강도의 분쟁인 전면전을 피하려고 노력할 것이다. 자원과 인명 피해 규모가 막대하기 때문이다. 그런데 주요 현안에 대한 오판이나 타협할 의지가 없어서 이런 분쟁이 발생할 가능성은 증가할 것으로 보인다.

달라지는 분쟁의 특성

극초음속과 인공지능을 비롯하여 급속히 발전하는 기술로 새로운 무기 시스템이나 고성능 무기가 제작되고 있다. 또한 국내 사회기반시설과 금융 시스템, 사이버, 컴퓨터 네트워크를 비롯하여 군사 능력과 민간인의 능력까지 아우르는 다양한 범위의 잠재적 목표물도 생겼다. 이들 기술 덕분에 여러 나라가 기습 수준에는 미치지 못하는 다양한 강제 수단을 갖게 될 것이다. 전략적인 효과를 성취할 수 있는 수단으로 여겨 많은 나라가 호감을 가질 가능성이 있다. 직접적인 폭력으로 발생하는 정치·경제적 손실과 인명의 희생을 피하면서 전투를 선포할 수 있기 때문이다. 그 결과 치열한 경쟁과 분쟁 간의 구분이 더 흐려질 수 있고 나라마다 각자 나름의 패권을 세우고 싶은 동기가 커질 수 있다.

고성능 센서(감지기)와 자동화, 인공지능, 극초음속 및 기타 첨단 기술을 갖추면 정확성과 속도, 범위 및 파괴력이 훨씬 좋은 무기를 생산할 수 있기 때문에 향후 20년 동안 분쟁의 성격도 바뀔 것이다. 물론 고성능에 접근할 수 있는 기회를 최신식 군대가 훨씬 많이 갖겠지만 일부 무기는 규모가 더 작은 정부와 비국가 주체들의 손에 들어가게 될 것이다. 시간이 지나면 이 같은 군사 시스템의 확산과 보급으로 더 많은 민간과 군부대는 더욱 취약해지고, 전쟁의 단계적 확대 위험성은 강화되는 반면 전쟁 억제력은 약화되고 결정적인 것은 아니더라도 더 치명적인 전투가 될 것으로 보인다. 오랫동안 이어진 강대국 간의 대규모 전투에 사용된 일부 첨단 군사 기술이 전쟁터에 미치는 영향력이 계속 감소할지도 모른다. 전투에 사용된 군수품을 예로 들자면, 하자가 생겼거나 완전히 망가졌어도 가격이 비싼데다가 재빠른 교체가 어렵기 때문이다. 고급 센서와 무기는 반란 세력의 정체를 확인하고 표적으로 삼는 대응 활동에 도움이 된다. 하지만 이 시스템은 반란 같은 분쟁의 비대칭적 특성을 감안하면 결정적인 성과를 얻기에는 부족할지도 모른다.

강대국 간 경쟁, 좀더 구체적으로는 전쟁터에서 패권을 얻으려면 정보를 활용·보호하는 능력과 군사력을 연결하는 능력이 점점 더 중요해지고 있다. 교전국은 적대국의 컴퓨터 네트워크와 주요 사회기반시설, 전자기 스펙트럼, 금융 시스템, 우주 내 자산 등을 목표로 삼아 통신과 경고 기능을 위협할 가능성이 커질 것으로 보인다. 센서의 수효가 많아지고 품질이 개선되는 만큼 정보를 이해하고 활용하려는 시도도 증가할 것이다. 일부 정부는 경쟁국에 맞서기 위해 허위 정보를 정밀하게 조작할 수 있을 것이다.

무력 분쟁의 가능성을 부추기는 강대국의 경쟁

2040년까지 지정학적 추세와 기술의 변화로 강대국 간 무력 분쟁의 위험이 증가하고 있다. 비무력 조치는 구속력이 약해진 법과 신속한 교전 속도, 혼탁해진 정보 환경 및 신기술 탓에 강대국 사이의 무력 분쟁 단계까지 비화될 될 것이다.

강대국의 분쟁 가능성을 증가시키는 요인

> 군비 통제 약화

> 제도 약화

핵 규정 및 규범

전쟁 억제력의 쇠락

분쟁 가능성을 감소시키는 요인

일부 대항력 있는 요인이 전면전을 억제할 수 있을지도 모른다.

> 패권적 안보와 경제적 상호의존의 쇠퇴

> 국수주의 팽창

고조된 지정학적 경쟁

비무력적 대안

> 사이버 공격, 정보 작전, 경제적 압력, 정밀한 무력행사로 전략적 효과를 볼 수 있는 동시에 재래식 무력 분쟁의 피해를 피할 수 있다.

> 민주적 지배구조가 쇠퇴하고 권위주의와 1인 독재 정권 증가

중앙집중식 의사결정

리더의 우려

> 리더는 막대한 경제/인도주의 및 정치적 피해나 붕괴를 우려한다.

> 리더는 통제가 불가능할 정도로 확대된 상황을 두려워하며 보복을 단념시킬 수 있는 자신감도 부족하다.

> 기술의 변화와 가속도가 붙은 전쟁

> 인공지능의 의사결정

광범위한 첨단 무기

제2의 반격 능력

> 기술에 이변이 없고 핵무기 보유 가능성도 그대로라면 전쟁 억제력은 온전할 것이다. 핵전쟁은 승자가 없으며 엄청난 대가를 치르게 될 것이다.

> 객관적 사실을 왜곡하는 허위 정보

더 혼탁해진 정보 환경

분쟁 스펙트럼

도표는 비폭력 무기부터 전략 무기가 동원되는 분쟁까지 범위가 다양해지는 양상을 보여준다.

비무력 분쟁	하이브리드/중소 분쟁	재래식/전략 분쟁
정보 조작	비정규군(반란군, 대리군, 민간 군사기업, 해상 민병대)	정규군
사이버 조작(일반적인 기반시설)		금수조치/봉쇄
		무기 플랫폼
경제적 강제	폭력 사보타주	
실행/테스트	사이버 공격(일부 중대한 기반시설)	사이버 공격(이를테면, 전략상 중요한 지휘/통제 체계와 금융 시스템 전복)
협박/뇌물	전자기 스펙트럼 방해	
정보 수집	암살	핵무기와 대량살상무기

(활동 사례)

감지장치와 연결성의 확대로 군대와 정부는 사이버와 전자기 공격에 더욱 취약해질 것이다. 여타 병기에 관하여는 사이버 무기와 정책 및 절차가 앞으로 20년간 급격히 발전할 공산이 크다. 자국의 네트워크와 주요 전투 자산을 분산시키고 의사결정 과정을 축소하며 모든 영역에 용장성(redundancy, 하나의 아이템 중에 주어진 기능을 발휘하는 한 가지 이상의 수단이 있는 것—옮긴이)을 확보한 국가라면 향후 분쟁에서 우위를 차지할 것으로 보인다.

국가 사이에서 벌어지는 무력 분쟁이란 둘 이상의 적군이 직접적인 교전을 벌이는 분쟁이라 정의한다. 이때 적어도 참전국 한 곳은 막대한 사상자가 나오거나 큰 피해를 입게 마련이다. 국가 간 무력 분쟁은 과거에 비해 경고는 적은 반면 단계적 확산은 더 빨라질 것이다. 때문에 반응 시간을 대폭 줄이고 특정한 의사결정을 위임하거나 자동화해야 한다는 압박감은 증가할 것이다. 2040년이 되면 저렴한 센서와 데이터 분석으로 실시간 탐지 및 처리에 변혁을 일으킬 수 있다. 그러나 수많은 군대는 인공지능과 여타 알고리즘의 의사결정 도구가 없어 의미를 해석·재구성하고 정책위원들의 선택안을 정리하는 데 고전할 것이다. 무력 분쟁의 빠른 확산 속도로 전면전에 대한 계산 착오나 단계적 확전의 위험성은 높아질 것으로 보인다.

또 다른 참전국들

국가 간 분쟁과 국제적 간섭이 벌어지는 지역 분쟁에 무장 대리군과 민간 군사 기업, 해커, 테러 단체가 더 개입될 것이다. 정부가 공격에 수반되는 위험과 비용을 줄일 방편을 찾을 테니 말이다.

군대의 훈련비용을 삭감할 수 있는 대리군과 민간 군사 기업이 특수부대를 확보하고 그들에게 장비를 공급하며 인구가 감소하는 나라에 인력을 지원한다. 일부 조직은 비교적 작은 규모와 비대칭 전술로 더 신속히 목적을 성취할 수 있다. 러시아와 터키는 리비아와 시리아의 분쟁에 민간 군사 기업과 대리군을 활용했는데 몇몇 민간 기업이 아프가니스탄과 이라크 등, 여러 국가에 다양한 보급 업무와 기타 서비스를 제공했다.

더욱 어려워진 전쟁 억제력

비무력(혹은 비폭력) 무기와 비재래식 무기가 도입되고 새로운 국경이 형성되는가 하면 참전국이 증가하면서 전쟁 억제력의 패러다임은 복잡해지고 레드라인(red line, 불화·협상 시 한쪽 당사자가 양보하지 않으려는 쟁점이나 요구—옮긴이)은 흐릿해질 것으로 전망된다. 전쟁 억제 전략은 적국이 구체적으로 명시한 특정 활동을 하지 않도록 설득할 때 피해를 입을 가능성이 중

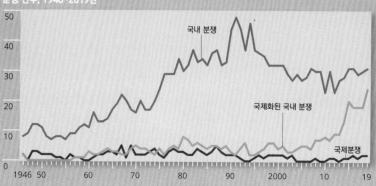

국내 분쟁 vs 국가 간 분쟁 추세

몇 십 년간 국가 간 분쟁의 발생 빈도가 낮아지면서 국제 규모 수준의 국내 분쟁과 내전이
증가하고 있다. 지역의 강대국과 지구촌의 강대국이 서로 다른 편을 지지하며 병력과 물자를
공급하기 때문이다. 특히 전투원이 최첨단 테크놀로지와 기술을 활용한다면 이러한 분쟁은
당사자 간의 대대적인 권력 충돌로 비화될 수 있다. 아래 도표는 제3자의 개입이 없는 국내
분쟁과, (적어도 어느 한편이 참전국으로부터 직접적인 지원을 받고 있는) 국제화된 국내 분쟁을

분쟁 건수, 1946~2019년

출처: 읍살라 분쟁
데이터 프로그램,
2020

요하다. 이러한 전략은 핵전쟁과 사이버 및 정보 조작 같은 새로운 유형
의 공격 외에는 지속하기가 어렵기 때문에 저항이 거세질 것이다. 게다가
재래식 무기와 대량살상무기 및 비대칭무기 사용을 지도하고 전쟁 억제
력에 대한 공유된 이해를 도모하는 데 필요한 군사 능력에 부합한 원
칙이 부족한 국가가 적지 않다. 재래식 무기와 극초음속 무기, 이를테면
탄도미사일 방어 시스템과 로봇 및 자동화 시스템, 정보망, 감시망, 정찰
망, 장거리 대함미사일의 발전으로 전쟁 억제를 추산하는 것이 더욱 복
잡해지고 비대칭적인 보복으로 이어질 수 있다. 지도부는 기습 공격을
당할 시 첨단 무기를 잃어선 안 되므로 위기에 직면하면 선제공격이 필
요하다고 생각할 것이다.

핵 확산 혹은 핵 활용의 변화

경쟁이 치열한 지정학적 환경에서 핵 확산과 핵 사용의 가능성은 더욱 높아질 것으로 보인다. 기술 발전과 운송 시스템(delivery system, 병기를 목표까지 또는 그 근방까지 운송하는 수단의 총칭—옮긴이)의 다분화, 군비 통제의 불확실성과, 핵 관련 지식 및 기술은 리스크의 수위를 끌어올릴 것이다.

핵무기 보유를 선언한 국가들이 자국의 무기고를 늘리거나 현대화하고 있다. 중국과 러시아는 미사일과 잠수함, 폭격기, 극초음속 무기를 비롯한 운송 수단에 투자하고 있다. 이들 국가는 전쟁용으로 제작된 무기 시설을 갖추고 그에 들어가는 핵무기는 감축하지만 정밀도는 더 높일 것으로 보인다. 대규모의 핵 교환과 '제한적 사용'을 구분하는 정책으로 여러 국가가 핵무기 사용을 고려할 수 있게 되었다.

한 연구에 따르면, 많은 지역 중 특히 중동과 아시아에서 외부의 안보 위협으로 감지되는 상황이 늘면서 외부에서 가하는 안보 위협은 한 국가가 핵무기를 개발하려는 결정의 주된 요인이 되었다. 안보 보장과 확산 억제(extended deterrence, 미국의 동맹국이나 우방국에 대하여 제삼국이 핵 공격으로 위협하거나 핵 능력을 과시하려 할 때 미국의 억제력을 이들 국가에 확장하여 제공하려는 핵전략의 하나—옮긴이)에 대한 의구심이 고조되고 지역의 압력이 강화되면 일부 선진국이 핵 프로그램을 자체적으로 확보·구축하는 상황이 벌어질 수도 있다.

군비 제한과 조약

무기 사용과 전쟁 수행을 통제하는 기존의 규범과 조약을 두고 이견이 늘면서 기존의 규범과 조약이 기술혁신에 뒤처지고 있다는 의식이 다시 고개를 들고 있다. 국경 불가침과 자산 불가침 및 화학무기처럼 금지된 특정 무기 사용과 관련된 법규와 규범을 어기고도 처벌을 받지 않는 상황이 반복되면서 각 주체의 비용 편익 분석이 무기 사용에 호의적인 상황으로 바뀌고 있다. 일부 강대국이 경쟁을 재개하고 기만을 고발하고 굵직한 합의를 보류하거나 연장을 거부해 전략적 군비 통제 구조가 약화되고 무기의 비확산이 쇠퇴할 공산이 크다.

특정 무기와 관련된 신규 조약과 규범은 합의에 이르기가 더욱 어려울 것으로 보인다. 무기를 소유한 주체가 증가하기 때문이다. 재래식 무기의 성능이 개선되고 장거리 타격 정밀도처럼 국가의 지도부를 위험에 빠뜨릴 수 있는 새로운 성능이 개발되고 엄청난 위력을 과시하면 핵무기만 전략적 영향을 미칠 수 있는 병기로 한정되지는 않을 것이다. 각국은 인공지능과 여타 기술의 파괴성이나 안보 측면을 제한하기 위한 합의에 이르는 데 난항을 겪을지도 모른다. 정의가 서로 다른 데다 상업적인 용도로 (이중)사용하는가 하면, 민간 업체나 국제기구에 위탁해 신규 시스템을 개발하기 때문이다. 그러나 막무가내로 무기를 개발하여 실재로 커다란 위기와 대가를 치러야 한다면 이러한 규정과 집행 장치에 대한 장려책은 서서히 부상할 것이다.

테러리즘의 미래_다양한 주역과 국제사회의 노력

테러 단체는 폭력을 통해 자신의 이념을 밀어붙이고 권력을 얻기 위해 사회분열과 무력한 거버넌스를 계속 악용할 것이다. 향후 20년 동안은 지역 간 분쟁과 국내 분쟁, 인구 압박, 환경 악화, 민주주의 축소로 정치·경제·사회적 폐해가 악화될 것으로 보인다. 즉, 테러범이 조직·훈련하는 데 필요한 은신처를 얻고 추종자를 확보하기 위해 오랫동안 이용했던 폐해를 두고 하는 말이다. 이러한 변수의 결과와 위력은 지역과 국가마다 다르며 세계적인 이농현상을 부추기는가 하면 국가의 자원을 고갈시키고 세계 및 현지의 대테러 활동을 약화시킬 공산이 크다.

- 지하디스트 단체는 자국의 위협일 뿐 아니라 '세계 최악의 초국가적 위협요인'이라는 꼬리표를 영영 떼지 못할 것이다. 그들은 천년왕국의 미래를 전달하겠다는 일관된 신념으로, 통치력이 없거나 미흡한 지역이나 조직이 강력한 지역, 특히 아프리카, 중동, 동남아시아에서 활개를 치고 있다.

- 인종차별과 환경주의 및 반정부 극우주의를 비롯하여 다양한 현안

을 선전하는 극'좌익'과 극'우익' 테러범의 활동이 유럽과 라틴아메리카, 북아메리카 등지에서 재연되고 있다.

- 종족 민족주의와 집단 때문에 일어난 종파 분쟁과 반란 단체의 증가로 테러가 계속 일어날 것이다. 이러한 단체는 성쇠를 반복하며 어떤 단체는 패하고 어떤 단체는 권력을 얻을 것이다. 초국가적인 공격을 자행하고 싶어 하는 단체도 있겠지만 지역적 목표 달성을 겨냥, 현지에서 타깃을 정하는 지역 주체의 공격이 대부분 지속될 것으로 보인다.

- 이란과 레바논의 헤즈볼라Hizballah가 시아파를 '저항의 축axis of resistance'으로 굳히려 하는 탓에 중동 지역에서는 미국과 이스라엘 및 사우디 등의 이권을 겨냥한 비대칭 공격이 증가할 것이다.

기술이 격상시킨 테러 및 대테러 전술

향후 20년 동안 테러 공격은 대부분 현재 이용되고 있는 병기—소화기small arms와 급조된 폭발물 등—와 유사한 것을 계속 사용할 것으로 보인다. 이는 대체로 수량이 충분한 데다 이용이 쉽고 믿을만하다. 그러나 인공지능과 생체기술(바이오테크놀로지) 및 사물인터넷을 비롯한 기술의 발전으로 원거리 공격이 개발되고 국경을 넘나드는 협력이 가능해져 테러범이 세간의 이목을 끄는 공격을 자행할 가능성도 있다. 아울러 테러범은 대량살상무기를 비롯한 각종 무기를 확보하고자 노력하고 위력적인 대량살상무기를 쓸 수 있는 요령도 알아낼 것이다. 예컨대, 이라크와 시리아(ISIS)가 속해 있는 이슬람 국가Islamic State는 이미 머스터드 가스mustard gas 공격을 감행했고 무인항공기를—이란이 지원하는 시아파 전투원도 이를 쓰고 있다—두루 활용한 바 있다. 인공지능 시스템의 도움을 받는 무인 항공기 덕분에 테러범 하나가 십여 명의 목표물을 공격할 수 있고, 증강현실을 이용하면 가상의 테러 훈련소를 운영하며 멀리 떨어진 은신처에 있는 정보원과 공작원을 연결시킬 수도 있다.

각 정부는 정찰 능력을 배가시키는 기술혁신 덕분에 지배구조가 부실하더라도 테러리스트와 전쟁을 벌일 수 있게 될 것이다. 데이터를 정리·분류하는 수단은 물론이거니와 수집한 정보의 양과 유형도 계속 확대할 것으로 보인다. 생체인식과 데이터 수집, 풀모션 동영상 분석, 메타데이터 분석의 발전으로 각국 정부는 테러범의 정체와 음모를 좀더 효과적으로 밝힐 수 있게 될 것이다. 아울러 장거리 정밀 타격이 가능해진다면 경찰이나 보병이 접근할 수 없는 테러범의 은신처를 서서히 붕괴시킬 수도 있을 것이다.

대테러전의 전망을 바꾸는 지정학

국제권력의 지형이 바뀌는 가운데 중국의 부상과 강대국 간 경쟁으로 미국이 주도하는 대테러작전의 성과에 대해 갑론을박이 벌어질 것이다. 테러범이 국경을 넘나들거나 분쟁 지역에 진입하는 것을 막으려면 여행자 데이터를 수집하고 정보를 공유해야 할 터인데, 이때 필요한 쌍무적 동반자 관계나 다자간 협조는 구축하기가 훨씬 어려워질지도 모른다. 특히 가난한 국가는 국제적인 대테러작전이 제한될 경우 자국에서 발생하는 테러로 홍역을 치를 것이다. 테러리스트가 적극적으로 활동하는 내란 등의 실질적인 위협에 직면한 국가라면 테러범이 자국의 영토 내에서 자유롭게 조직을 결성할 수 있도록 허용하는 불가침 조약을 선택할 수도 있고, 상당한 영토에 대한 통치권을 테러 집단에 속절없이 넘겨주게 될 국가도 있을 것이다.

PART 3

GLOBAL TRENDS 2040

A MORE CONTESTED WORLD

가상 시나리오 2040
불확실성 속에서 그리는 미래

글로벌 트렌드 2040의 이전 장에서는 인구와 환경, 경제 및 기술을 포함한 미래 세계의 기반을 구축하는 핵심 구조적 변수를 설명했으며 이러한 변수에 대한 공동체와 지도자들의 대응과 활용에 따라 사회와 국가 및 국제사회 내에서 나타나는 역학을 탐구했다.

이러한 상황이 향후 20년간 어떻게 다르게 나타날지 보다 잘 파악하기 위해 가능성 있는 글로벌 미래 범위를 묘사하는 시나리오를 개발했다. 핵심 질문 또는 불확실성 세 가지가 이러한 시나리오 형성에 도움이 되었다.

- 앞으로 마주하게 될 글로벌 과제는 얼마나 심각한가?
- 국가 및 비국가 주체는 세계무대에 어떻게 개입할 것인가? 무엇에 주안점을 두며 어떤 경위로 개입할 것인가?
- 미래를 위해 국가가 최우선으로 생각하는 것은 무엇인가?

- **민주주의의 부흥**

- **표류하는 세계**

- **공생경쟁**

- **분리된 사일로**

- **비극과 동원**

이 세 가지 질문을 활용하여 개연성이 있고 독창적이며 사례를 포함한 미래 예측 시나리오 5편을 구성했다. 각각은 공동의 글로벌 과제와 분열, 불균형, 적응 및 심화된 경쟁이라는 주제를 담고 있다.

세 가지 시나리오는 국제적인 과제가 점점 더 중대해지고 크게는 미국과 중국의 경쟁 구도로 정의되는 미래를 담고 있다. 민주주의의 부흥에서는 미국이 민주주의의 부활을 주도한다. 표류하는 세계는 중국이 주도하지만 전 세계적으로 우세하지는 않으며, 공생경쟁 시나리오에서는 미국과 중국이 양분된 세계에서 번영하며 리더십을 두고 경쟁한다.

다른 두 가지 시나리오는 보다 급진적인 변화를 담고 있다. 두 가지 모두 더욱더 심각해진 전 세계적 단절을 기반으로 하며 국제사회에 대한 가정을 무시한다. 이 시나리오에서는 미국과 중국의 경쟁이 중심이 되지 않는다. 두 국가 모두 보다 중대하고 심각한 국제적 과제에 맞서야 하며 현 구조로는 이러한 과제에 대응할 수 없기 때문이다. 분리된 사일로는 세계화가 무너지고 경제 및 안보 연합이 등장, 증가하는 위협에 맞서 국가를 보호하는 세계를 담고 있다. 비극과 동원 시나리오는 파괴적인 지구 환경 위기 상황에 따른 상향식의 혁명적인 변화를 담고 있다.

민주주의의 부흥

2040년, 세계는 미국과 동맹국들이 이끄는 열린 민주주의의 부활이 한창이다. 미국과 기타 민주사회의 민관협력으로 추진되는 신속한 기술 발전으로 글로벌 경제가 변화되고 전 세계 수백만 인구의 소득과 삶의 질이 향상된다. 경제성장과 기술 발전의 상승세로 글로벌 과제에 대응하고 사회분열을 완화시키며 민주주의에 대한 국민들의 신뢰가 회복된다. 반면, 수년간 증가된 중국과 러시아의 사회적 통제와 감시로 주요 과학자 및 기업가들이 미국과 유럽에서 망명을 신청하게 되자 두 국가에서는 혁신의 맥이 끊기고 만다.

2040년까지의 여정

2020년과 2021년, 성공적으로 코로나19백신을 개발하고 전 세계적으로 보급하는 과정에서 과학 연구와 혁신 및 기술발전에 초점을 맞추어 글로벌 과제를 해결하는 것이 중요하다는 인식이 자리 잡게 되었다. OECD에서 운영하는 연구소와 정부기관, 비정부기구 및 민간기업의 네트워크를 통해 더욱더 많은 정보를 공유하고 인공지능, 생명공학 및 경제 활성화와 사회적 요구를 해결하기 위해 필요한 기타 기술 중심의 연구개발 접근방식을 조율하여 개발했다. 이후 10년간, 이러한 노력은 일련의 획기적인 발전과 생산성 향상 및 경제 호황으로 이어졌다. 기술 발전과 경제성장이 함께 정부의 역량을 향상시키며 민주적인 정부가 보다 효과적으로 서비스를 제공하고 안보를 확보하게 되었다.

보다 풍부한 자원과 개선된 서비스로, 민주주의 국가들은 부패척결 및 투명성 향상, 전 세계적 책임부담 문제 개선, 국민의 신뢰 증진을 위한 이니셔티브를 도입했다. 이러한 노력을 통해 수년간 지속되었던 사회적 분열과 시민 국수주의에서 회복될 수 있었다. 빠른 혁신, 보다 강력한 경제, 더욱더 탄탄해진 사회적 결속력으로 기후 및 기타 과제에 꾸준히 대응해 나갈 수 있었다. 국민의 인식이 제고되고 교육 이니셔티브와 재빠르게 잘못된 정보를 식별·제거하는 신기술이 증가하면서 민주사회는 가짜 정보에 보다 탄력적으로 대응할 수 있게 되었다. 이러한 환경은 활발한 문화뿐 아니라 가치관, 목표 및 정책에 대한 시민의 토론 또한 회복시켰다.

열린 사회에서의 협업 문화와는 달리, 러시아 및 중국에서는 고급기술인력, 투자 및 지속 가능한 혁신을 위한 환경을 만들어내는 데 실패했다. 중국의 경우, 2022년 홍콩에 대한 완전한 탄압으로 10년간 더욱더 심각한 디지털 억압이 지속되며 모든 표현의 자유가 제한되었다. 러시아와 중국은 지속적으로 전략적인 군사력을 보유한 국가로 남았으나 국내에서의 압력으로 수렁에 빠졌다. 중국의 고령화, 높은 국민 및 민간 부채, 비효율적인 국가주도 경제 모델은 소비자 경제로의 전환에 걸림돌이 되었으며 2029년, 중국은 중위소득의 함정에 갇혀 개도국 국민들을 소외시키게 되었다. 러시아는 노동인구의 정체와 에너지 수출에 대한 과도한 의존 및 푸틴 이후의 엘리트층 간의 내분으로 인해 쇠퇴했다.

2030년대 중반까지 미국과 유럽 및 아시아의 동맹국들은 AI, 로봇공학, 사물인터넷, 생명공학, 에너지 저장 및 적층제조를 포함한 여러 기술 분야에서의 글로벌 리더로 자리 잡았다. 민주주의 국가들은 힘을 모아, 개방된 사회에서 분열을 일으키곤 했던 허위정보를 포함한 기술의 부정적인 영향을 제한하기 위하여 국제표준을 만들었다. 다자간 협력은 사이버 보안, 기후변화 저감, 해저, 북극 및 우주 관리 규범을 포함한 기타 영역으로 확산되었다.

기술적 성공으로, 신흥국 및 개도국에서 민주주의가 점점 더 증가하는 글로벌 과제에 더 잘 적응하고 탄력 있게 대처할 수 있다는 인식이 널리 퍼지게 되었다. 중국이 했던 약속이 수년이 지나도 지켜지지 않자 브라질, 인도네시아, 인도, 나이지리아 등 인구가 많은 국가들은 투명한 민주주의를 수용하게 되었다. 첨단기술이 개도국에 급속하게 확산되면서, 팬데믹 상황에서 발전한 원격학습 플랫폼을 기반으로 교육, 일자리 기술에 있어 예상보다 빠른 발전이 가능해졌다. 중국의 부상이 더 이상 불가피한 것으로 간주되지 않는 상황에서, 주요 국가 및 투자자들은 탄탄한 민간기업과 혁신 시스템이 있는 고속 성장 국가들로 시선을 돌렸다.

독재정권도 밀어붙이려는 시도를 했으나 늘어나는 민주주의 동맹국들의 세력을 당해내진 못했다. 러시아는 소련시대 이후의 비북대서양조약기구 국가들의 여러 러시아 소수민족을 대신하여 개입하겠다고 위협했으나 이는 러시아 정부가 국내 문제로부터 관심을 분산시키려는 필사적인 마지막 돌파구로 간주될 뿐이었다. 중국은 남중국해에서 위협적인 행보를 보였다. 러시아와 중국은 비대칭 무기체계와 허위정보 기술에 투자하여 직접적인 폭력행위의 비용을 피하면서 미국의 우위점들에 맞서고자 했다.

* 열린 민주주의 체제가 과학 연구와 기술혁신으로 경제 호황을 더 잘 촉진시킬 수 있다는 것이 입증되었다. 민주주의 국가들은 강력한 경제성장으로 여러 가지 국내에서의 필요사항을 충족하고 글로벌 과제를 해결하며 라이벌 국가들에 맞설 수 있었다.

* 더 나은 서비스 제공과 부패척결을 위한 노력으로 제도에 대한 국민의 신뢰가 회복되었고, 결국 분열된 여러 사회 또한 회복되었다. 국민들 간의 선호도와 신념에는 지속적으로 큰 차이가 있었으나 민주적인 방식으로 잘 해결되었다.

* 미국의 지도층은 다자간 협력과 글로벌 과제에 집중한다는 것을 입증했으며 확립된 동맹과 국제협력체를 더욱더 키워 나갔다. 기술혁신과 경제성장으로 촉발된 EU와 영국에서의 부흥은 보다 큰 성공의 열쇠가 되었다.

* 시간이 지남에 따라 심각한 억압과 경제성장 정체 및 인구문제의 부담 증가로 인해 중국과 러시아의 권위주의 정권의 세력이 주춤하게 되고 주변 지역에서는 이들의 행보에 대한 예측가능성이 떨어지고 공격성이 증가했다.

표류하는 세계

  2040년, 중국, 지역 주체 및 비국가 주체들과 같은 주요 세력들이 국제 규범과 제도를 무시하면서 국제사회는 방향성이 없고 혼란에 빠져 있으며 변동성이 높아졌다. OECD 국가들은 경제성장 침체와 사회분열 확대 및 정치적 마비로 고통받고 있다. 중국은 서부 국가들이 어려움을 겪고 있는 약점을 이용하여 국제적인 영향력을 특히 아시아에서 확장하고자 하나, 의지와 군사력이 부족하여 기후변화 및 개도국의 불안정성과 같은 글로벌 과제의 많은 부분을 해결하지 못한다.

2040년까지의 여정
  전 세계의 많은 선진 및 신흥 시장경제는 코로나19 팬데믹으로부터 완전히 회복하지 못했으며 더디고 비효율적인 백신 출시로 회복 과정이 더욱 지체되었다. 2020년대 말, 높은 국가부채, 인구 고령화 대응 비용 및 반복되는 기후재앙으로 정부 예산에 부담이 가중되면서 교육과 인프라 및 과학 연구개발과 같은 기타 지출사항이 우선순위에서 제외되었다.

  환경과 보건 및 경제 위기가 10년간 점진적, 산발적으로 발생하자 정부가 비상대처와 단기 경기부양책을 넘어선 정책적 지원 및 자원 투입이 어려워졌다. 경제적 어려움은 사회분열을 확대했고 국내 및 국가 안보 우선순위에 대한 정책적 타협안에 도달하기가 더욱더 힘들어졌다.

많은 국가에서 국민들의 좌절감이 높아지고 시위가 증가했으나 이러한 반대의 움직임은 분열되고 경쟁적이었기 때문에 분명한 요구사항과 목표에 대한 합의를 이루지 못했다. 소셜 미디어로 양극화된 사회는 더욱더 심각한 정치적 교착상태와 요동치는 정책 변화로 이어졌다. 특히 민주주의 국가에서 이렇게 파가 갈리는 공동체들은 경제, 환경, 이민 및 외교 정책에 대한 효과적인 조치를 취할 수 없었다. 위기와 불규칙한 정부의 대응을 둘러싼 불확실성은 투자와 일자리 창출의 장애물이 되었고 이에 따라 북미와 유럽은 부진한 성장기로 빠져들며 많은 이들이 이 시기를 1990년대 일본의 '잃어버린 10년'에 비유했다. 개도국의 성장도 정체되면서 일부는 중국에 의지했고 특히 아프리카와 중동의 국가들은 국가의 기능이 마비되고 말았다. 테러부터 복지수준의 침체까지 다양한 국제적 과제가 더욱더 심각해졌다. 수많은 이민자들이 분쟁과 환경 재난 및 경제적 쇠퇴를 피해 유럽과 아시아, 북미의 보다 부유한 국가를 찾아 나섰다.

이 기간 동안 중국은 동일한 환경 및 사회 문제를 많이 겪었으나 강력한 사회적 결속과 신뢰, 중앙집중식 권력을 활용한 민첩한 지시, 입증된 일자리 창출, 제품 및 서비스 제공 역량 및 반대의 목소리를 억압하는 정치체제 덕분에 비교적 잘 적응할 수 있었다. 비록 1990년대와 2000년대 호황기의 성장률보다는 낮은 수준이었으나 2030년, 중국은 미국을 능가하면서 세계 최대 규모 경제 국가가 되는 GDP를 달성하는 내수가 갖춰졌다. 상하이 대방파제와 같은 기후변화 영향에 대한 관리를 목표로 하는 대규모 인프라 프로젝트는 전 세계의 선망의 대상이 되었다. 유사한 인프라 개발 프로그램 및 꾸준한 외국인 투자와 지원으로 중국은 개도국 사이에서 영향력을 얻게 된다.

이러한 이점에도 중국은 계속해서 국내 및 주변지역에서 감지되는 안보 위협 대응에 주력했다. 중국 정부는 국제적인 관계에 얽히는 것과, 직접적인 영향을 받는 지역 외에서 리더십 역할을 하는 것을 계속 경계했다. 새로운 세계 질서를 만들기 보다는 산업 발전과 개발 목표를 증진시키는 기술 표준 설정에 집중했다.

많은 정부가 중국의 큰 시장으로부터 이익을 얻고 국내 감시와 안보 체계와 같은 다른 혜택을 누리는 것에 만족했으나 중국주도의 국제질서를 원하는 국가는 거의 없었다. 미국은 역내 남아있는 동맹관계를 유지하려고 했으나 일본과 한국은 점차 독립적인 군사 현대화와 심지어는 자체 핵무기 프로그램까지 추진했다. 한 가지 이유를 꼽자면 중국과 북한에 대항하는 미국 안보우산의 신뢰성을 우려했기 때문이다.

2035년이 되자 중국은 아시아에서 난공불락의 지위를 차지하게 된다. 특히 대만 정부를 통일을 위한 논의에 성공적으로 끌어들이게 된 덕분이었다. 중국의 경제 및 강압적 군사력의 승리는 역내에서 전환점이 되어 중국이 가까운 미국의 동맹국을 위협할 수 있음을 보여주었고 중국인민해방군이 이제 역내에서 오랜 원한을 갚는 것에 주력할 것을 인근 국가들이 우려할 수밖에 없게 만들었다. 다른 어떤 국가도 역내 중국의 부상에 도전할 수 있는 위치에는 서지 못했다. 러시아는 전반적으로는 중국과 협력관계에 있었으나 해가 지날 때마다 동맹관계가 서서히 소원해졌다. 인도는 아시아의 성장으로 혜택을 보았으나 그보다 더욱 강력한 인근 국가 중국을 누르기는커녕 대결상대가 되기에도 수년이 걸릴 터였다.

* 국제적 행동규범을 더는 준수하지 않으며, 글로벌 협력이 제한되고 기술이 해결책을 제공하지 못하는, 방향성을 잃은 세계다.

* 아시아에서 점점 더 공격적으로 변해가는 중국의 행보는 특히 중요한 자원에 대한 기타 역내 세력과의 무력충돌 위험을 높인다. 반면 높은 비중의 청년실업인구가 있는 개도국은 부족한 투자와 원조를 확보하고자 하는 마음에 중국의 요구를 들어줄 수밖에 없는 상황에 처한다.

* 역내 세력 및 기업을 포함한 비국가 주체들은 사이버, 우주 및 기타 기술과 같은 영역에 더 많은 영향을 미치나 시스템을 장악할 힘은 부족하다.

* 힘을 잃은 규범과 다자간 협력의 부족으로, 세계는 개인 해커, 테러리스트 및 범죄집단에 더욱더 취약해진다. 특히 중동과 아프리카의 교전국은 자신의 목표를 달성하기 위해 힘으로 밀어붙이게 된다.

* 특히 기후변화와 보건분야의 과제와 같은 거대한 글로벌 문제는, 국가들이 집단적 행동을 추구할 수 있도록 하는 인센티브가 부족하고 대신 서로 맞지 않는 짜깁기식의 접근방식을 적용하기 때문에 더욱 심각해진다. 그럼에도 일부 국가와 기업 및 민간조직은 자유를 활용하여 인류의 건강을 증진시키고 근로자의 생산성을 높이는 새로운 방법을 발견하고 경제발전 및 거버넌스에 대한 새로운 접근방식을 실험한다.

공생경쟁

2040년, 미국과 중국은 경제성장을 우선순위로 두고 탄탄한 무역관계를 복원했으나 이러한 경제적 상호의존성은 정치적 영향력, 거버넌스 모델, 기술 지배력 및 전략적 이점에 대한 경쟁과 공존한다. 세계대전의 위험은 낮고 국제협력 및 기술혁신으로 선진국들이 글로벌 문제를 단기적으로는 다루기는 쉬워졌지만 장기적인 기후문제는 남아있다.

2040년까지의 여정

코로나19 위기에서 서서히 회복되고, 장기전이 된 미중 무역전쟁이 끝난 2020년대 후반, 억눌린 수요와 부진한 경제로 널리 퍼져 있던 좌절감은 OCED 국가들의 성장촉진을 위한 시장주도 경제정책으로 이어져 부흥을 일으켰다. 2031년, G7회의에서 국가들은 경기부양 지원금, 무역자유화 및 투자, 감세 및 규제 완화에 대한 계획을 지지했다. 위압적이었던 EU에 대한 이미지는 퇴색되었고 유럽인들은 새로운 무역 자유화에 뜻을 함께했다. 이와 동시에 다소 역설적이게도 EU의 제도는 더욱 강화되었다. 수년간 하락한 유가로 약화된 푸틴 이후의 러시아는 새로운

G7 경제합의를 지지했으며 브라질과 인도를 포함한 신흥국들은 중요한 경제개혁에 합류했다.

중국은 OECD 모델을 받아들이지 않고 폐쇄된 국가주도 체제를 고수했으나 경제성장과 무역에 우선순위를 두었다. 중국과 미국 정부는 서로에 대한 의심과 대조되는 정치·경제 모델에도 경제적 관계를 안정시키기 위한 조치를 취했다. 미중 관계는 핵심 안보 문제 및 가치에 대한 의견 불일치라는 문제가 가득했으나 2020년대의 강력한 무역 및 투자 제한조치에서 탈피하기 위하여 양측은 번영을 위해 서로가 필요하다는 결론을 내렸다. 미국과 중국은 2030년대에 가장 중요한 공통의 경제적 이익을 보호하기로 합의했다.

중국은 국가주도의 독재적 통제 및 공공 감찰 기술, 그리고 미국은 민간기업, 민주주의, 개인의 자유, 개방된 정보의 흐름이라는 반대되는 국내 체제 하에서 시장과 자원을 두고 경쟁하는 '공통의 가치의 라이벌 공동체'를 형성했다. 이러한 경쟁은 국민들이 자신들의 국가와 지도자를 지지하도록 단결시켰기 때문에 국가 내에서의 분열을 다소 완화시켰다. 무역과 정보의 흐름 관리는, 대부분 전 세계적으로 사업을 하는 대기업들이 담당했다. 미국과 중국 및 이 두 세력과 각각 뜻을 같이하는 국가들은 사소한 갈등이 전 세계의 경제적 진보와 안정성을 위협할 수준으로 격화되는 것을 방지하기 위해 노력했다. 그러나 남중국해와 같은 지정학적 경쟁은 경제적 관계에 대한 지속적인 위협으로 남았으며 빈곤한 국가들의 많은 내부 갈등은 국제적 개입이 없어 더욱더 심각 해졌다.

상품 가격 상승과 외국인 노동자에 대한 수요는 일부 개도국에서의 중산층 성장 전망을 개선하는 경제회복을 이끌었다. 고령화 문제가 있는 일부 선진국들은 이주 노동자 프로그램을 만들어, 생체 추적 프로그램으로 통제되지 않는 이주를 줄이면서 중요한 서비스 직업에 이주 노동자들을 고용했다. 중국의 임금 상승은 외국 노동자 사용으로 이어졌으며 이에 따라 인도, 동남아시아 및 일부 아프리카 지역의 소득이 증가했다. 그럼에도 특히 아프리카에서의 많은 젊은 인구는 부흥하는 세계 경제의 혜택을 받지 못했다.

재생에너지 발전과 저장 및 탄소 포집 기술 발전은 배출량 증가를 완화시켰으나 재앙적인 영향을 막을 만큼 발전속도가 빠르지는 못했다. 부유한 국가들은 위험인구를 보호하기 위해 국내적으로 적응 조치에 투자할 수 있었지만 개도국은 이러한 조치에 뒤쳐져 증가하는 재난으로 인해 고통을 겪었으며 2차 안보문제가 발생했다.

* 미중 경쟁 및 기타 국가간 관계는 해당 지역에서 상호 승인된 규범 하에서 시장, 자원 및 브랜드 유명도에 대한 경쟁이 되었다. 국민들은 이러한 경쟁 속에서 정부를 중심으로 집결하여 사회적 분열이 완화되었다.

* 강화된 경제적 상호의존성은 주요 세력의 무력 충동 위험을 낮춰준다. 이들 대부분은 파괴적인 전쟁이라는 위험을 감수하는 대신 공작과 기업 내 스파이 행위 및 사이버 공격을 단행한다.

* 중심적인 안보 과제는 미국과 중국이 그들 자신의 번영과 세계 경제가 달려있는 양국간의 경제협력을 훼손하지 않고 어떻게 지정학적 경쟁을 억지하는가이다.

* 증가하는 기후 문제가 단기적인 경제적 이익으로 간과되면서 장기적 안정성이 여전히 위험에 처해 있다. 기술혁신과 경제적 번영은 지도자들이 기후변화에 대한 어려운 결정을 미뤄도 괜찮다는 인식에 안주하게 했다.

분리된 사일로

2030년, 세계는 다양한 크기와 세력의 여러 경제 및 안보권으로 분열되었으며 그 중심에는 미국, 중국, EU, 러시아 및 일부 역내 세력이 있다. 이들은 자급자족, 회복력 및 방위에 주안점을 두었다. 별도의 사이버 주권 구역 내의 정보 흐름 및 공급망의 방향이 바뀌고 국제 무역이 중단된다. 취약한 개도국들은 거의 몰락국가로 전락할 위험에 처해 중간에 끼어 있는 상태다. 특히 기후변화와 같은 글로벌 문제는 전혀 해결되지 않았거나 아주 단편적인 조치만 취해졌을 뿐이다.

2040년까지의 여정

2030년대 초까지, 일부 국가에서 세계화, 열띤 무역분쟁 및 국경을 초월하는 보건 및 테러 위협이 일부 원인이 된 수십 년간 일자리 부족으로 글로벌 문제가 지속되면서 국가들은 자원을 보존하고 국민을 보호하며 국내 산업을 보존하기 위해 장벽을 높이고 무역제한조치를 취하게 되었다. 많은 경제학자들은 경제적 탈동조화 및 분리현상이 공급망과 경제, 기술의 광범위한 상호의존성으로 실제로는 발생하지 않을 것이라 생각했으나 안보에 대한 우려와 거버넌스 분쟁은 엄청난 비용에도 국가가 상상하지 못할 일을 하게 만들었다.

국내 시장이 크거나 큰 규모의 이웃국가 시장이 있는 국가들은 성공적으로 경제의 방향성을 재편했으나 자원과 시장 접근이 제한적인 많은 개도국은 수출입 시장이 모두 고사하면서 큰 타격을 입었다. 경기침체는 아프리카, 중동 및 동남아시아 전역에서 불안을 일으켰으며 국가보다 작은 단위의 민족 및 종교단체 및 긴장된 사회, 확산된 불안정성으로의 후퇴를 가속화했다. 새로운 이민자 집단은 빈곤, 미흡한 거버넌스 및 점점 더 가혹해지는 환경적 조건을 피해 선진국으로 향했다. 그러나 정치적인 반발로 이러한 선진국들이 대부분의 이민자를 차단함에 따라 그들의 희망은 무너져버렸다.

물리적 장벽이 높아짐에 따라 디지털 상거래와 통신에 대한 의존성이 크게 증가했으나, 정보 관리의 과제 및 반복되는 데이터 보안 침해로 강력한 사이버 통제력을 가진 중국과 이란과 같은 국가들이 사이버 장벽을 강화하게 되었다. 개방형 인터넷을 옹호했던 국가들은 새롭게 폐쇄형 보호 네트워크를 설정하여 위협을 제한하고 원치 않는 아이디어들을 차단했다. 2040년, 미국과 가장 가까운 일부 동맹국만이 개방형 인터넷을 사용했고 전 세계 대부분의 국가들은 강력한 방화벽을 사용했다.

이전의 세계화 시대를 정의했던 무역 및 금융의 연결은 파괴되고 경제 및 안보권이 미국, 중국, EU, 러시아 및 인도를 중심으로 형성되었다. 더 작은 세력과 국가들은 보호와 자원 조달 및 최소한의 경제적 효율을 위해 이러한 경제안보권에 합류했다. AI, 에너지 기술 및 적층제조의 발전으로 일부 국가들은 적응을 하고 이러한 경제안보권의 경제적 능력이 향상되었으나 소비자 상품 가격은 급증했다. 경제안보권에 합류할 수 없었던 국가들은 뒤쳐지고 차단되었다.

안보 관계가 완전히 사라진 것은 아니었다. 강력한 이웃국가 탓에 위협받는 국가들은 보호를 위해 다른 세력과의 안보관계를 찾거나 궁극적으로 안보를 보장해줄 수 있는 핵무기 자체 프로그램 개발 속도를 앞당기기도 했다. 새로운 경제안보권의 경계지역에서 작은 분쟁들이 발생했으며 특히 북극과 우주와 같이 부족한 자원이나 새로 생기는 기회를 두고 갈등이 생겼다. 가난한 국가들은 점점 불안정해지고 주요 세력이나 UN이 질서 회복에 개입하지 않았기에 해당 지역만의 문제가 되어 다른 문제까지 악화시키고 말았다. 배출량을 줄이고 기후변화 문제를 해결하기 위한 조정된 다자간 노력이 부족해 온실가스 배출 속도를 늦추기 위한 조치가 거의 취해지지 않았으며 일부 국가는 지구공학을 실험하여 비참한 결과를 낳기도 했다.

* 경제가 분리되자 공급망이 분열되고 시장이 사라지며 여행과 관광처럼 한때 수익성이 좋았던 부문이 쇠퇴하면서 국가 및 기업의 대규모 재정적 손실을 포함한 엄청난 결과가 초래되었다. 그 결과, 경제는 향후의 공급망 와해에 대한 취약성이 낮아지고 효율성 또한 떨어진다.

* 자원이 풍부하고 근방에 적국이 별로 없으며 방어가 가능한 국경이 있는 미국 및 캐나다와 같은 선진국은 대부분의 다른 국가보다 잘 적응하게 된다. 자급자족에 주력한 일부 국가들은 다른 국가들은 무너지는 와중에도 더욱더 회복력이 강해지기도 한다.

* 이러한 세계에서 국내 안정을 유지하기 위해, 국가들은 민주주의와 권위주의의 요소를 결합한 혼합형 정치 모델을 채택하여 감시 및 잠재적 억압을 늘린다. 많은 국가들이 대다수의 국민들이 외부의 적으로 인식하고 있는 상대에 대항하여 국민들을 단결시키기 위한 배타적인 형태의 민족주의를 채택한다.

* 전 세계적으로 인재를 유치하거나 국제적 협업을 지속할 수 없기 때문에 기술혁신이 위축된다. 부유한 국가들은 국내 교육에 자원을 집중하여 이러한 손실을 보충하기 시작한다.

* 기후변화, 의료 불균형, 빈곤 문제를 해결하기 위한 국제기구 및 집단적 행동이 흔들린다. 국가들이 재앙에 대해 독립적으로 적응함에 따라 위험한 해결책을 채택하기가 더욱 쉬워진다.

* 내부의 안보에 주력하는 더욱 커진 세계의 군대들은 직접적인 무력 충돌을 회피한다. 경쟁관계에 있는 경제안보권은 부족한 자원에 대한 통제권을 두고 경쟁하며 이는 소규모 전쟁으로 이어지거나 외부의 적에 대항하여 대중의 지지를 결집하고 국내문제에 집중된 시선을 따돌리게 하는 수단으로 사용되기도 한다. 핵무기가 확산된다.

비극과 동원

2040년, 비정부기구 및 재활성화 된 다자간 기구들과 협력하는 EU와 중국 주도의 글로벌 연합체는 기후재앙 및 환경파괴로 불거진 글로벌 식량 재앙 후의 기후변화, 자원고갈 및 빈곤 문제를 해결하기 위해 광범위한 변화를 시도한다. 부유한 국가들은 글로벌 과제가 얼마나 빠른 속도로 국경을 초월할 수 있는지 인식하여 광범위한 원조 프로그램 및 첨단 에너지 기술 이전을 통해 빈국들이 위기에 대처하고 저탄소 경제로 전환할 수 있도록 지원한다.

2040년까지의 여정

2030년대 초, 세계는 글로벌 재앙에 빠져 있었다. 해수 온도 및 산성도 상승으로 이미 수년간 남획으로 타격을 입은 어업은 완전히 파괴되었다. 이와 동시에 일어난 강수 패턴의 변화는 전 세계 주요 곡물 생산지의 수확량을 감소시켜 식량 가격이 올라갔으며 많은 사람들이 식량을 비축해 놓으면서 식량공급 유통이 중단되어 전 세계적으로 기근을 맞이하게 되었다. 불안의 물결이 전 세계적으로 확산되면서 인간의 기본적 필요를 충족시키지 못하는 정부에 대항한 시위가 일어나고 지도자와 정권은 축출당했다. 서구 세계에서 발생한 여러 사건 중 하나의 사례를 들자면, 빵이 부족하다는 소셜 미디어 상의 소문으로 필라델피아에서 폭력사태가 3일간 지속돼 무려 3,000명이 사망했다고 한다.

계속되는 기근은 환경문제를 해결하기 위한 대담한 체계적 변화를 옹호하는 전 세계적 움직임을 촉발했다. 전 세계적으로, 코로나19 팬데믹의 영향을 받고 식량 부족의 위협으로 충격을 받은 젊은 세대들은 국경을 초월하여 개혁에 대한 저항을 극복하고 지구를 파괴하는 기성세대를 비난하며 함께 힘을 모았다. 이들은 구호활동에 참여하는 NGO와 시민단체를 지원하며 국민들의 기대를 저버렸다고 인식되는 정부보다 전 세계적으로 더 많은 지지자들을 얻게 되었다. 이러한 움직임이 커짐에 따라 세계보건 및 빈곤을 포함한 다른 문제까지 다루게 되었다.

2034년에서 2036년 사이 여러 유럽 국가에서 녹색 정당이 민주선거를 휩쓴 뒤 EU는 2050년까지 UN의 지속가능개발목표를 달성하기 위한 새로운 목표달성일을 설정하고 국제원조 프로그램을 확장하기 위하여 UN 내에서의 캠페인을 개시했다. 기근으로 심각한 타격을 입은 데다, 주요 도시에서의 불안을 진압하고자 했던 중국은 중국공산당이 새로운 애국 사명과 오랫동안 옹호해온 전 세계적인 구조 조정을 표명한 EU의 활동에 대한 지지를 발표했다. 호주와 캐나다 및 미국을 포함한 기타 국가들은 기후변화에 대한 적응력이 상대적으로 높기 때문에 국내 산업과 선거구를 우선순위에 두어야 한다고 주장하는 일부 국내 단체의 지속적인 강력한 저항에도, 환경에 초점을 맞춘 정당이 정치적 세력을 얻고 여러 선거에서 승리하자 서서히 이러한 움직임에 합류했다.

EU 이니셔티브를 통해 개도국과의 협력으로 새로운 국제기구인 인류 안전보장이사회Human Security Council가 탄생했다. 해당 기구는 21세기의 초국가적 안보 과제에 주력했다. 국가 및 비국가 주체 모두 가입할 수 있으며 회원이 되면 설사 부유한 국가들과 단체들에게 고통을 수반하는 것으로 인식되는 일이라도 식량, 보건 및 환경 안보 문제를 개선하기 위한 확인가능한 조치에 대한 약속을 해야 했다. 이를 이행하지 않는 경우 쉽게 퇴출당하며 지난 세기의 반아파르트헤이트 운동과 유사한 '풀뿌리 민중'의 반발 및 보이콧이 발생했다. 2038년, 환경 및 인류 안보에 대한 전 세계적 인식은 과거 관행의 비지속가능성을 깨달으며 변화되어 갔다.

국가와 대기업은 식량과 기후 및 보건 과제에 대한 기술적 해결책을 발전시키고 가장 심한 타격을 입은 사람들에게 필수적인 지원을 제공하기 위한 투자를 집중시켰다. 기업의 목표는 고객, 직원, 공급업체 및 공동체를 포함한 다양한 이해관계자를 위한 것으로 확장되었다.

모두가 이러한 행보에 합류한 것은 아니었다. 러시아 및 일부 OPEC 국가들은 변화에 저항했으며 일부 커뮤니티는 새로운 글로벌 변화를 전통적 가치와 정실주의에 대한 위협으로 간주했다. 극단주의자들은 자신들의 목표에 이목을 집중시키기 위해 사이버공격과 테러를 사용했다. 이란, 러시아 및 일부 걸프 아랍 국가와 같이 에너지에 대한 강력한 이해관계가 있는 국가에서는 장기적인 정치 및 사회 갈등으로 이어질 위협이 되는 파괴적인 정치운동이 발생했다.

* 실존적 위협은 다자간 협력을 변화시키고 경제 인센티브를 파괴하며 비국가 주체들에게 더 큰 영향력을 제공하는 상향식 사회운동을 촉발한다.

* 개별 국가 간의 주요 권력 경쟁은 보다 시급한 글로벌 과제를 해결하기 위한 것으로 재설정된다. 지정학적 계층구조가 재편되어, 불가능하다고 생각되었던 진보적인 유럽의 정당과 중국공산당 간의 파트너십이 형성되었다. 유럽은 지속적인 개발 추진에 앞장서고 중국은 새로운 에너지 기술을 채택하며 발전시켰다.

* 화석연료 산업에 의존하는 국가들은 전 세계적인 혁명의 흐름에 가장 늦게 합류하여 해당 국가의 리더십, 제품 및 브랜드에 대한 전 세계적 반발이 형성되었다. 새로운 정치운동의 2차 및 3차 영향으로 경제에 장기적인 과제가 생긴다.

* 광범위한 대중의 지원으로 NGO, 다자기구 및 활동가 단체들이 표준설정에 영향력을 행사하고 자원을 결집하며 규범위반자들에게 책임을 묻고 국가들이 행동하도록 촉구할 수 있는 능력이 전례 없이 높아졌다. 전 세계적 우선순위가 국익보다 우선시되는 경우도 있다.

지역별 전망

    이번에는 라틴 아메리카, 카리브해 지역, 유럽, 러시아 및 유라시아, 중동 및 북아프리카, 사하라 사막 이남 아프리카, 남아시아, 동북아시아, 동남아시아 그리고 오세아니아 9개 지역의 주요 인구 트렌드에 대한 20년 간의 예측안을 제시한다. 이는 인구 증가와 도시화 비율, 중위연령, 1인당 GDP, 비전염성 질환 발생률 및 종교 비율과 같은 인구통계학적 트렌드를 포함하고 있다. 도표는 각 지역의 민주주의 상황, 디지털 경제에 대한 준비 및 향후 20년 동안의 기후변화로 나타난 물리적 영향을 집중적으로 나타낸다.

    인구 증가와 연령 구조 및 중위연령에 대한 측정치는 기존 출산율 및 사망률과 수십 년간 관찰된 인구 트렌드에서 직접 추정한 것이기 때문에 해당 사항에 대한 20년 전망은 중간 정도의 신뢰성을 가진다. 도시화, 1인당 GDP, 기후변화, 디지털 준비상태 및 비전염성 질환의 부상처럼 인간의 선택에 따라 달라질 수 있는 변수는 전망치에 대한 신뢰성이 비교적 낮기 때문에 오류 가능성은 더 높을 것이다.

지역별 인구통계 비교

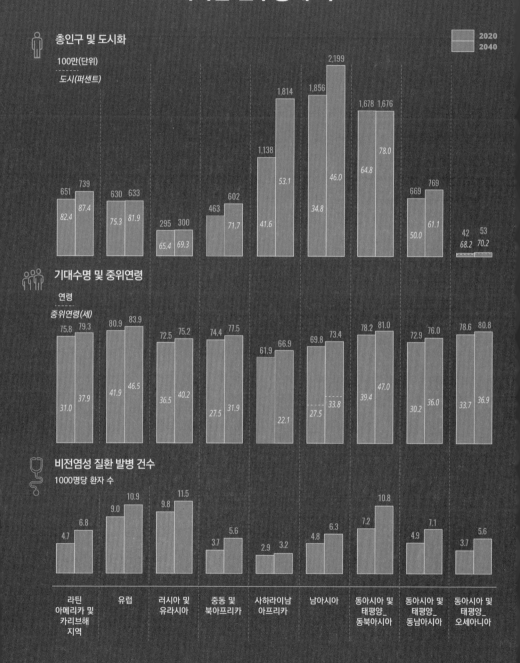

총인구 및 도시화

100만(단위)

도시(퍼센트)

2020
2040

	651	739	630	633	295	300	463	602	1,138	1,814	1,856	2,199	1,678	1,676	669	769	42	53
	82.4	87.4	75.3	81.9	65.4	69.3	41.6	71.7	41.6	53.1	34.8	46.0	64.8	78.0	50.0	61.1	68.2	70.2

기대수명 및 중위연령

연령

중위연령(세)

75.8	79.3	80.9	83.9	72.5	75.2	74.4	77.5	61.9	66.9	69.8	73.4	78.2	81.0	72.9	76.0	78.6	80.8
31.0	37.9	41.9	46.5	36.5	40.2	27.5	31.9	22.1		27.5	33.8	39.4	47.0	30.2	36.0	33.7	36.9

비전염성 질환 발병 건수

1000명당 환자 수

4.7	6.8	9.0	10.9	9.8	11.5	3.7	5.6	2.9	3.2	4.8	6.3	7.2	10.8	4.9	7.1	3.7	5.6

라틴 아메리카 및 카리브해 지역	유럽	러시아 및 유라시아	중동 및 북아프리카	사하라이남 아프리카	남아시아	동아시아 및 태평양_ 동북아시아	동아시아 및 태평양_ 동남아시아	동아시아 및 태평양_ 오세아니아

UN 인구부 | ᵇIHME(보건계량분석연구소) 및 덴버대 파디 센터

라틴 아메리카

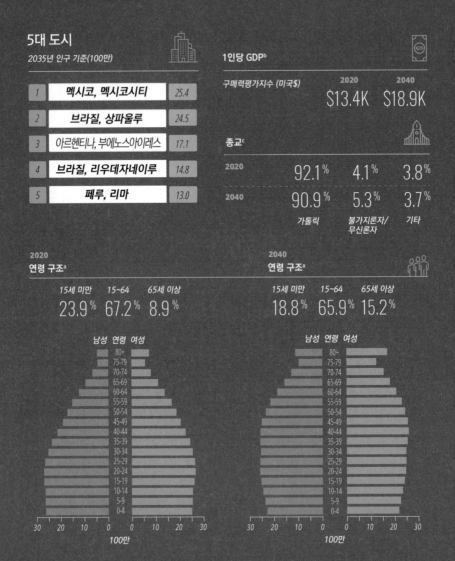

5대 도시

2035년 인구 기준(100만)

1	**멕시코, 멕시코시티**	25.4
2	**브라질, 상파울루**	24.5
3	아르헨티나, 부에노스아이레스	17.1
4	**브라질, 리우데자네이루**	14.8
5	**페루, 리마**	13.0

1인당 GDP[b]

구매력평가지수 (미국$)	2020	2040
	$13.4K	$18.9K

종교[c]

	가톨릭	불가지론자/무신론자	기타
2020	92.1%	4.1%	3.8%
2040	90.9%	5.3%	3.7%

2020 연령 구조[a]

15세 미만	15~64	65세 이상
23.9%	67.2%	8.9%

2040 연령 구조[a]

15세 미만	15~64	65세 이상
18.8%	65.9%	15.2%

남성 연령 여성

80+ 75-79 70-74 65-69 60-64 55-59 50-54 45-49 40-44 35-39 30-34 25-29 20-24 15-19 10-14 5-9 0-4

30 20 10 0 0 10 20 30

100만

[a]UN 인구부 | [b]옥스퍼드 이코노믹스 | [c]세계 종교 데이터베이스

카리브해 지역

2020
정부 유형[a]
국가 수

[a] 「민주주의의 다양성, 2020」

| 자유 민주주의 국가 | 3 |

자유롭고 공정한 다당 선거를 개최하며 언론 및 표현의 자유를 보장한다. 자유민주주의 국가는 법치주의를 옹호하며 행정부에 제약을 둔다.

| 선거 민주주의 국가 | 16 |

자유롭고 공정한 다당 선거를 개최하며 언론 및 표현의 자유를 보장하나 법치주의를 옹호하지 않거나 행정부에 제약을 두지 않는다.

| 선거 독재 국가 | 5 |

선거는 개최하나 자유롭고 공정한 다당 선거가 아니거나, 정부가 언론 및 표현의 자유를 보장하지 않는다.

| 폐쇄형 독재 국가 | 1 |

최고 지도자를 선출할 때 다당 선거조차 개최하지 않는다.

2019[b]
디지털 경제에 대한 준비상황

인터넷 사용자(인구 비율)[c]

0 —— **55.2**% —— 100

인력의 디지털 기술 등급[d]

1 = 전혀 없음 —— **3.4** —— 기술력 높음 = 7

정보 세계화 등급[e]

1 = 낮음 —— **83.7** —— 높음 = 100

B 2019년 또는 최근 데이터
C 국제전기통신연합
D 세계경제포럼
E KOF 세계화 지수

2040
기온, 가뭄, 허리케인

이 지도[f]는 대표농도경로 4.5에 따른 UN 기후변동에 관한 정부간 패널 IPCC에서 명시한 조건에 따라 1980-2005년의 기본(베이스라인) 시나리오와 비교하여 2040년에 발생할 수 있는 최고 기온, 가뭄 및 허리케인/사이클론 활동의 변화를 보여준다. 다양한 기온 측정치를 사용할 수도 있었으나 연중 가장 더운 날의 최고 기온은 폭염과 관련된 중대한 인간, 농업 및 경제적 비용에 따라 선정되었다. 장기간의 가뭄까지 더해지면 영향력은 배가 된다.

0 —— 2.5
가장 더운 날 증가한 기온
섭씨 온도

연중 최장 가뭄이
2.5일 이상으로 증가

대형 허리케인 증가

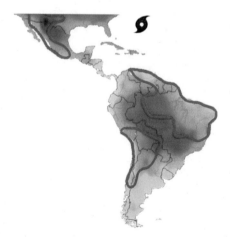

[f] 출처_데이터클레멘스 슈윙즈해클, 야나 실먼, 국제기후 및 환경연구센터
그래픽 제공_덴버대 파디 센터

유

5대 도시
2035년 인구 기준(100만)

1	터키, 이스탄불	18.0
2	프랑스, 파리	12.1
3	영국, 런던	10.6
4	스페인, 마드리드	7.0
5	터키, 앙카라	6.2

1인당 GDP[b]

구매력평가지수 (미국$)	2020	2040
	$37.2K	$51.0K

종교

	기독교	무슬림	불가지론자/무신론자
2020	63.7%	18.8%	16.5%
2040	58.5%	21.6%	18.7%

2020
연령 구조[a]

15세 미만	15~64	65세 이상
16.6%	64.6%	18.8%

2040
연령 구조[a]

15세 미만	15~64	65세 이상
14.5%	59.5%	26.0%

[a]UN 인구부 | [b]옥스퍼드 이코노믹스 | [c]세계 종교 데이터베이스

럽

2020
정부 유형[a]
국가 수

자유 민주주의 국가   19
자유롭고 공정한 다당 선거를 개최하며
언론 및 표현의 자유를 보장한다.
자유민주주의 국가는 법치주의를
옹호하며 행정부에 제약을 둔다.

선거 민주주의 국가   13
자유롭고 공정한 다당 선거를 개최하며
언론 및 표현의 자유를 보장하나
법치주의를 옹호하지 않거나 행정부에
제약을 두지 않는다.

선거 독재 국가   3
선거는 개최하나 자유롭고 공정한 다당
선거가 아니거나, 정부가 언론 및 표현의
자유를 보장하지 않는다.

폐쇄형 독재 국가   0
최고 지도자를 선출할 때 다당 선거조차
개최하지 않는다.

[a]「민주주의의 다양성, 2020」

2019[b]
디지털 경제에 대한 준비상황

인터넷 사용자(인구 비율)[c]
0   **78.0** %   100

인력의 디지털 기술 등급[d]
1 = 전혀 없음   **4.5**   기술력 높음 = 7

정보 세계화 등급[e]
1 = 낮음   **83.1**   높음 = 100

B 2019년 또는 최근 데이터
C 국제전기통신연합
D 세계경제포럼
E KOF 세계화 지수

2040
기온, 가뭄, 허리케인

0   2.5
가장 더운 날 증가한 기온
섭씨 온도

연중 최장 가뭄이
2.5일 이상으로 증가

대형 허리케인 증가

이 지도는 대표농도경로 4.5에 따른 UN 기후변동에 관한 정부간 패널
IPCC에서 명시한 조건에 따라 1980-2005년의 기본(베이스라인)
시나리오와 비교하여 2040년에 발생할 수 있는 최고 기온, 가뭄 및
허리케인/사이클론 활동의 변화를 보여준다. 다양한 기온 측정치를
사용할 수도 있었으나 연중 가장 더운 날의 최고 기온은 폭염과 관련된
중대한 인간, 농업 및 경제적 비용에 따라 선정되었다. 장기간의
가뭄까지 더해지면 영향력은 배가 된다.

「출처_데이터클레멘스 슈윙즈해클, 야나 실먼, 국제기후 및 환경연구센터
그래픽 제공_덴버대 파디 센터

러시아

5대 도시
2035년 인구 기준(100만)

1	**러시아, 모스크바**	12.8
2	**러시아, 상트페테르부르크**	5.6
3	**우즈베키스탄, 타슈켄트**	3.0
4	**우크라이나, 키이브**	3.0
5	**아제르바이잔, 바쿠**	2.8

1인당 GDP[b]

구매력평가지수 (미국$)	2020	2040
	$18.4K	**$30.4K**

종교

	기독교	무슬림	불가지론자/무신론자
2020	61.3%	32.5%	5.5%
2040	57.6%	38.1%	3.6%

2020
연령 구조[a]

15세 미만	15~64	65세 이상
21.2%	66.0%	12.8%

남성 연령 여성

100만

2040
연령 구조[a]

15세 미만	15~64	65세 이상
18.0%	64.9%	17.1%

남성 연령 여성

100만

[a] UN 인구부 | [b] 옥스퍼드 이코노믹스 | [c] 세계 종교 데이터베이스

유라시아

2020
정부 유형ᵃ
국가 수

| 자유 민주주의 국가 | 0 |

자유롭고 공정한 다당 선거를 개최하며 언론 및 표현의 자유를 보장한다. 자유민주주의 국가는 법치주의를 옹호하며 행정부에 제약을 둔다.

| 선거 민주주의 국가 | 3 |

자유롭고 공정한 다당 선거를 개최하며 언론 및 표현의 자유를 보장하나 법치주의를 옹호하지 않거나 행정부에 제약을 두지 않는다.

| 선거 독재 국가 | 8 |

선거는 개최하나 자유롭고 공정한 다당 선거가 아니거나, 정부가 언론 및 표현의 자유를 보장하지 않는다.

| 폐쇄형 독재 국가 | 1 |

최고 지도자를 선출할 때 다당 선거조차 개최하지 않는다.

ᵃ「민주주의의 다양성, 2020」

2019ᵇ
디지털 경제에 대한 준비상황

인터넷 사용자(인구 비율)ᶜ
0   **54.7** %   100

인력의 디지털 기술 등급ᵈ
1 = 전혀 없음   **3.9**   기술력 높음 = 7

정보 세계화 등급ᵉ
1 = 낮음   **79.2**   높음 = 100

B 2019년 또는 최근 데이터
C 국제전기통신연합
D 세계경제포럼
E KOF 세계화 지수

2040
기온, 가뭄, 허리케인

이 지도'는 대표농도경로 4.5에 따른 UN 기후변화에 관한 정부간 패널 IPCC에서 명시한 조건에 따라 1980-2005년의 기본(베이스라인) 시나리오와 비교하여 2040년에 발생할 수 있는 최고 기온, 가뭄 및 허리케인/사이클론 활동의 변화를 보여준다. 다양한 기온 측정치를 사용할 수도 있었으나 연중 가장 더운 날의 최고 기온은 폭염과 관련된 중대한 인간, 농업 및 경제적 비용에 따라 선정되었다. 장기간의 가뭄까지 더해지면 영향력은 배가 된다.

0   2.5
가장 더운 날 증가한 기온
섭씨 온도

연중 최장 가뭄이
2.5일 이상으로 증가

대형 허리케인 증가

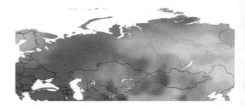

「출처_데이터클레멘스 슈윙즈해클, 야나 실먼, 국제기후 및 환경연구센터
그래픽 제공_덴버대 파디 센터」

중동

5대 도시
2035년 인구 기준(100만)

1	이집트, 카이로	28.5
2	이라크, 바그다드	10.8
3	이란, 테헤란	10.7
4	사우디아라비아, 리야드	9.1
5	이집트, 알렉산드리아	7.2

1인당 GDP[b]

구매력평가지수 (미국$)	2020	2040
	$15.3K	$19.9K

종교

	무슬림	기독교	유대교
2020	92.9%	3.9%	1.5%
2040	93.2%	3.6%	1.5%

2020
연령 구조[a]

15세 미만	15~64	65세 이상
29.8%	64.8%	5.4%

남성 연령 여성

80+
75-79
70-74
65-69
60-64
55-59
50-54
45-49
40-44
35-39
30-34
25-29
20-24
15-19
10-14
5-9
0-4

30 20 10 0 0 10 20 30
100만

2040
연령 구조[a]

15세 미만	15~64	65세 이상
23.6%	66.5%	9.9%

남성 연령 여성

80+
75-79
70-74
65-69
60-64
55-59
50-54
45-49
40-44
35-39
30-34
25-29
20-24
15-19
10-14
5-9
0-4

30 20 10 0 0 10 20 30
100만

[a]UN 인구부 | [b]옥스퍼드 이코노믹스 | [c]세계 종교 데이터베이스

북아프리카

2020
정부 유형[a]
국가 수

자유 민주주의 국가 2

자유롭고 공정한 다당 선거를 개최하며 언론 및 표현의 자유를 보장한다. 자유민주주의 국가는 법치주의를 옹호하며 행정부에 제약을 둔다.

선거 민주주의 국가 0

자유롭고 공정한 다당 선거를 개최하며 언론 및 표현의 자유를 보장하나 법치주의를 옹호하지 않거나 행정부에 제약을 두지 않는다.

선거 독재 국가 5

선거는 개최하나 자유롭고 공정한 다당 선거가 아니거나, 정부가 언론 및 표현의 자유를 보장하지 않는다.

폐쇄형 독재 국가 12

최고 지도자를 선출할 때 다당 선거조차 개최하지 않는다.

2019[b]
디지털 경제에 대한 준비상황

인터넷 사용자(인구 비율)[c]
0   **42.9**%   100

인력의 디지털 기술 등급[d]
1 = 전혀 없음   **3.6**   기술력 높음 = 7

정보 세계화 등급[e]
1 = 낮음   **69.8**   높음 = 100

B 2019년 또는 최근 데이터
C 국제전기통신연합
D 세계경제포럼
E KOF 세계화 지수

2040
기온, 가뭄, 허리케인

이 지도[f]는 대표농도경로 4.5에 따른 UN 기후변동에 관한 정부간 패널 IPCC에서 명시한 조건에 따라 1980-2005년의 기본(베이스라인) 시나리오와 비교하여 2040년에 발생할 수 있는 최고 기온, 가뭄 및 허리케인/사이클론 활동의 변화를 보여준다. 다양한 기온 측정치를 사용할 수도 있었으나 연중 가장 더운 날의 최고 기온은 폭염과 관련된 중대한 인간, 농업 및 경제적 비용에 따라 선정되었다. 장기간의 가뭄까지 더해지면 영향력은 배가 된다.

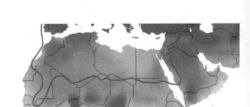

0   2.5
가장 더운 날 증가한 기온
섭씨 온도

연중 최장 가뭄이
2.5일 이상으로 증가

대형 허리케인 증가

[a] 「민주주의의 다양성, 2020」

「출처_데이터클레멘스 슈윙즈해클, 야나 실먼, 국제기후 및 환경연구센터 그래픽 제공_덴버대 파디 센터

사하라이

5대 도시

2035년 인구 기준(100만)

1	콩고민주공화국, 킨샤사	26.7
2	나이지리아, 라고스	24.4
3	앙골라, 루안다	14.5
4	탄자니아, 다르에스살람	13.4
5	수단, 하르툼	9.6

1인당 GDP[b]

구매력평가지수 (미국$)	2020	2040
	$3.6K	$4.7K

종교[c]

	기독교	무슬림	민족종교
2020	57.2%	32.2%	9.3%
2040	58.1%	33.7%	7.1%

2020
연령 구조[a]

15세 미만	15~64	65세 이상
42.0%	55.0%	3.0%

남성 연령 여성

| 80+ |
| 75-79 |
| 70-74 |
| 65-69 |
| 60-64 |
| 55-59 |
| 50-54 |
| 45-49 |
| 40-44 |
| 35-39 |
| 30-34 |
| 25-29 |
| 20-24 |
| 15-19 |
| 10-14 |
| 5-9 |
| 0-4 |

120 80 40 0   0 40 80 120

100만

2040
연령 구조[a]

15세 미만	15~64	65세 이상
36.0%	60.0%	3.9%

남성 연령 여성

| 80+ |
| 75-79 |
| 70-74 |
| 65-69 |
| 60-64 |
| 55-59 |
| 50-54 |
| 45-49 |
| 40-44 |
| 35-39 |
| 30-34 |
| 25-29 |
| 20-24 |
| 15-19 |
| 10-14 |
| 5-9 |
| 0-4 |

120 80 40 0   0 40 80 120

100만

[a]UN 인구부 | [b]옥스퍼드 이코노믹스 | [c]세계 종교 데이터베이스

아프리카

2020
정부 유형[a]
국가 수

자유 민주주의 국가 | 1

자유롭고 공정한 다당 선거를 개최하며 언론 및 표현의 자유를 보장한다. 자유민주주의 국가는 법치주의를 옹호하며 행정부에 제약을 둔다.

선거 민주주의 국가 | 17

자유롭고 공정한 다당 선거를 개최하며 언론 및 표현의 자유를 보장하나 법치주의를 옹호하지 않거나 행정부에 제약을 두지 않는다.

선거 독재 국가 | 27

선거는 개최하나 자유롭고 공정한 다당 선거가 아니거나, 정부가 언론 및 표현의 자유를 보장하지 않는다.

폐쇄형 독재 국가 | 5

최고 지도자를 선출할 때 다당 선거조차 개최하지 않는다.

[a] 『민주주의의 다양성, 2020』

2019[b]
디지털 경제에 대한 준비상황

인터넷 사용자(인구 비율)[c]
17.6%
0 — 100

인력의 디지털 기술 등급[d]
2.7
1 = 전혀 없음 — 기술력 높음 = 7

정보 세계화 등급[e]
61.0
1 = 낮음 — 높음 = 100

B 2019년 또는 최근 데이터
C 국제전기통신연합
D 세계경제포럼
E KOF 세계화 지수

2040
기온, 가뭄, 허리케인

0 — 2.5
가장 더운 날 증가한 기온
섭씨 온도

연중 최장 가뭄이
2.5일 이상으로 증가

대형 허리케인 증가

이 지도는 대표농도경로 4.5에 따른 UN 기후변동에 관한 정부간 패널 IPCC에서 명시한 조건에 따라 1980-2005년의 기본(베이스라인) 시나리오와 비교하여 2040년에 발생할 수 있는 최고 기온, 가뭄 및 허리케인/사이클론 활동의 변화를 보여준다. 다양한 기온 측정치를 사용할 수도 있었으나 연중 가장 더운 날의 최고 기온은 폭염과 관련된 중대한 인간, 농업 및 경제적 비용에 따라 선정되었다. 장기간의 가뭄까지 더해지면 영향력은 배가 된다.

「출처_데이터클레멘스 슈윙즈해클, 야나 실먼, 국제기후 및 환경연구센터
그래픽 제공_덴버대 파디 센터

남 0

5대 도시
2035년 인구 기준(100만)

1	인도, 뉴델리	43.3
2	방글라데시, 다카	31.2
3	인도, 뭄바이	27.3
4	파키스탄, 카라치	23.1
5	인도, 콜카타	19.6

1인당 GDP[b]

구매력평가지수 (미국$)	2020	2040
	$5.9K	$15.7K

종교[c]

	힌두교	무슬림	기독교	민족종교
2020	56.4%	32.1%	4.1%	3.0%
2040	53.9%	34.3%	4.8%	2.4%

2020
연령 구조[a]

15세 미만	15~64	65세 이상
27.6%	66.3%	6.1%

2040
연령 구조[a]

15세 미만	15~64	65세 이상
21.8%	68.1%	10.1%

남성 연령 여성

80+
75-79
70-74
65-69
60-64
55-59
50-54
45-49
40-44
35-39
30-34
25-29
20-24
15-19
10-14
5-9
0-4

100 80 60 40 20 0 | 0 20 40 60 80 100

100만

남성 연령 여성

80+
75-79
70-74
65-69
60-64
55-59
50-54
45-49
40-44
35-39
30-34
25-29
20-24
15-19
10-14
5-9
0-4

100 80 60 40 20 0 | 0 20 40 60 80 100

100만

[a]UN 인구부 | [b]옥스퍼드 이코노믹스 | [c]세계 종교 데이터베이스

시 아

2020

정부 유형[a]

국가 수

자유 민주주의 국가 `0`

자유롭고 공정한 다당 선거를 개최하며
언론 및 표현의 자유를 보장한다.
자유민주주의 국가는 법치주의를
옹호하며 행정부에 제약을 둔다.

선거 민주주의 국가 `4`

자유롭고 공정한 다당 선거를 개최하며
언론 및 표현의 자유를 보장하나
법치주의를 옹호하지 않거나 행정부에
제약을 두지 않는다.

선거 독재 국가 `4`

선거는 개최하나 자유롭고 공정한 다당
선거가 아니거나, 정부가 언론 및 표현의
자유를 보장하지 않는다.

폐쇄형 독재 국가 `0`

최고 지도자를 선출할 때 다당 선거조차
개최하지 않는다.

『민주주의의 다양성, 2020』[a]

2019[b]

디지털 경제에 대한 준비상황

인터넷 사용자(인구 비율)[c]

0 **25.8**% 100

인력의 디지털 기술 등급[d]

1 = 전혀 없음 **4.2** 기술력 높음 = 7

정보 세계화 등급[e]

1 = 낮음 **72.2** 높음 =100

B 2019년 또는 최근 데이터
C 국제전기통신연합
D 세계경제포럼
E KOF 세계화 지수

2040

기온, 가뭄, 허리케인

0 2.5

가장 더운 날 증가한 기온
섭씨 온도

연중 최장 가뭄이
2.5일 이상으로 증가

대형 허리케인 증가

이 지도[f]는 대표농도경로 4.5에 따른 UN 기후변동에 관한 정부간 패널
IPCC에서 명시한 조건에 따라 1980-2005년의 기본(베이스라인)
시나리오와 비교하여 2040년에 발생할 수 있는 최고 기온, 가뭄 및
허리케인/사이클론 활동의 변화를 보여준다. 다양한 기온 측정치를
사용할 수도 있었으나 연중 가장 더운 날의 최고 기온은 폭염과 관련된
중대한 인간, 농업 및 경제적 비용에 따라 선정되었다. 장기간의
가뭄까지 더해지면 영향력은 배가 된다.

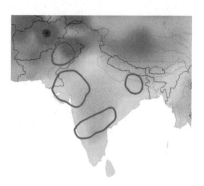

『출처_데이터클레멘스 슈윙즈해클, 야나 실먼, 국제기후 및 환경연구센터
그래픽 제공_덴버대 파디 센터』

동아시아 및 태평양

동 북

5대 도시
2035년 인구 기준(100만)

1	일본, 도쿄	36.0
2	중국, 상하이	34.3
3	중국, 베이징	25.4
4	중국, 충칭	20.5
5	오사카시	18.3

1인당 GDP[b]

구매력평가지수 (미국$)	2020	2040
	$19.4K	$36.7K

종교[c]

	불가지론자/무신론자	중국 민간신앙	불교	기독교
2020	35.4%	27.2%	19.9%	7.7%
2040	31.1%	25.9%	21.4%	11.6%

2020
연령 구조[a]

15세 미만	15~64	65세 이상
17.1%	69.5%	13.4%

2040
연령 구조[a]

15세 미만	15~64	65세 이상
14.0%	61.3%	24.8%

남성 연령 여성

| 80+ |
| 75-79 |
| 70-74 |
| 65-69 |
| 60-64 |
| 55-59 |
| 50-54 |
| 45-49 |
| 40-44 |
| 35-39 |
| 30-34 |
| 25-29 |
| 20-24 |
| 15-19 |
| 10-14 |
| 5-9 |
| 0-4 |

80 60 40 20 0 0 20 40 60 80
100만

남성 연령 여성

| 80+ |
| 75-79 |
| 70-74 |
| 65-69 |
| 60-64 |
| 55-59 |
| 50-54 |
| 45-49 |
| 40-44 |
| 35-39 |
| 30-34 |
| 25-29 |
| 20-24 |
| 15-19 |
| 10-14 |
| 5-9 |
| 0-4 |

80 60 40 20 0 0 20 40 60 80
100만

[a]UN 인구부 | [b]옥스퍼드 이코노믹스 | [c]세계 종교 데이터베이스

시아

2020

정부 유형[a]

국가 수

| 자유 민주주의 국가 | 3 |

자유롭고 공정한 다당 선거를 개최하며
언론 및 표현의 자유를 보장한다.
자유민주주의 국가는 법치주의를
옹호하며 행정부에 제약을 둔다.

| 선거 민주주의 국가 | 1 |

자유롭고 공정한 다당 선거를 개최하며
언론 및 표현의 자유를 보장하나
법치주의를 옹호하지 않거나 행정부에
제약을 두지 않는다.

| 선거 독재 국가 | 0 |

선거는 개최하나 자유롭고 공정한 다당
선거가 아니거나, 정부가 언론 및 표현의
자유를 보장하지 않는다.

| 폐쇄형 독재 국가 | 2 |

최고 지도자를 선출할 때 다당 선거조차
개최하지 않는다.

[a] 「민주주의의 다양성, 2020」

2019[b]

디지털 경제에 대한
준비상황

인터넷 사용자(인구 비율)[c]

0   **55.5%**   100

인력의 디지털 기술 등급[d]

1 = 전혀 없음   **4.6**   기술력 높음 = 7

정보 세계화 등급[e]

1 = 낮음   **86.3**   높음 = 100

B 2019년 또는 최근 데이터
C 국제전기통신연합
D 세계경제포럼
E KOF 세계화 지수

2040

기온, 가뭄,
허리케인

0   2.5
가장 더운 날 증가한 기온
섭씨 온도

연중 최장 가뭄이
2.5일 이상으로 증가

대형 허리케인 증가

이 지도는 대표농도경로 4.5에 따른 UN 기후변동에 관한 정부간 패널
IPCC에서 명시한 조건에 따라 1980-2005년의 기본(베이스라인)
시나리오와 비교하여 2040년에 발생할 수 있는 최고 기온, 가뭄 및
허리케인/사이클론 활동의 변화를 보여준다. 다양한 기온 측정치를
사용할 수도 있었으나 연중 가장 더운 날의 최고 기온은 폭염과 관련된
중대한 인간, 농업 및 경제적 비용에 따라 선정되었다. 장기간의
가뭄까지 더해지면 영향력은 배가 된다.

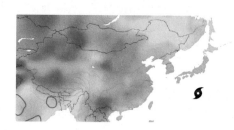

「출처_데이터클레멘스 슈윙즈해클, 야나 실먼, 국제기후 및 환경연구센터
그래픽 제공_덴버대 파디 센터

동아시아 및 태평양

동 남

5대 도시
2035년 인구 기준(100만)

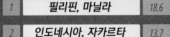

1	**필리핀, 마닐라**	18.6
2	**인도네시아, 자카르타**	13.7
3	**태국, 방콕**	12.7
4	**베트남, 호치민시티**	12.2
5	**말레이시아, 쿠알라룸푸르**	10.5

1인당 GDP[b]

구매력평가지수 (미국$)	2020	2040
	$11.8K	**$24.5K**

종교[c]

	무슬림	불교	기독교	민족종교
2020	37.2%	26.1%	22.9%	4.4%
2040	37.0%	25.0%	24.8%	3.8%

2020
연령 구조[a]

15세 미만	15~64	65세 이상
25.2%	67.7%	7.1%

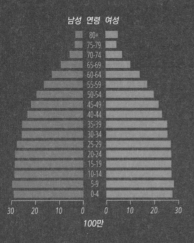

남성 연령 여성

100만

2040
연령 구조[a]

15세 미만	15~64	65세 이상
20.3%	66.0%	13.7%

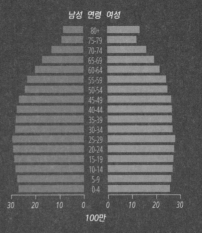

남성 연령 여성

100만

[a]UN 인구부 | [b]옥스퍼드 이코노믹스 | [c]세계 종교 데이터베이스

시아

2020
정부 유형[a]
국가 수

자유 민주주의 국가 0

자유롭고 공정한 다당 선거를 개최하며
언론 및 표현의 자유를 보장한다.
자유민주주의 국가는 법치주의를
옹호하며 행정부에 제약을 둔다.

선거 민주주의 국가 2

자유롭고 공정한 다당 선거를 개최하며
언론 및 표현의 자유를 보장하나
법치주의를 옹호하지 않거나 행정부에
제약을 두지 않는다.

선거 독재 국가 5

선거는 개최하나 자유롭고 공정한 다당
선거가 아니거나, 정부가 언론 및 표현의
자유를 보장하지 않는다.

폐쇄형 독재 국가 3

최고 지도자를 선출할 때 다당 선거조차
개최하지 않는다.

[a]「민주주의의 다양성, 2020」

2019[b]
디지털 경제에 대한
준비상황

인터넷 사용자(인구 비율)[c]

0 ——— **36.9**% ——— 100

인력의 디지털 기술 등급[d]

1 = 전혀 없음 ——— **4.1** ——— 기술력 높음 = 7

정보 세계화 등급[e]

1 = 낮음 ——— **82.9** ——— 높음 = 100

B 2019년 또는 최근 데이터
C 국제전기통신연합
D 세계경제포럼
E KOF 세계화 지수

2040
기온, 가뭄,
허리케인

0 ——— 2.5
가장 더운 날 증가한 기온
섭씨 온도

연중 최장 가뭄이
2.5일 이상으로 증가

대형 허리케인 증가

이 지도는 대표농도경로 4.5에 따른 UN 기후변동에 관한 정부간 패널
IPCC에서 명시한 조건에 따라 1980-2005년의 기본(베이스라인)
시나리오와 비교하여 2040년에 발생할 수 있는 최고 기온, 가뭄 및
허리케인/사이클론 활동의 변화를 보여준다. 다양한 기온 측정치를
사용할 수도 있었으나 연중 가장 더운 날의 최고 기온은 폭염과 관련된
중대한 인간, 농업 및 경제적 비용에 따라 선정되었다. 장기간의
가뭄까지 더해지면 영향력은 배가 된다.

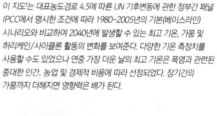

「출처_데이터클레멘스 슈윙즈해클, 야나 실먼, 국제기후 및 환경연구센터
그래픽 제공_덴버대 파디 센터

동아시아 및 태평양

오세

5대 도시
2035년 인구 기준(100만)

1	호주, 멜버른	6.1
2	호주, 시드니	5.9
3	호주, 브리즈번	2.9
4	호주, 퍼스	2.4
5	뉴질랜드, 오클랜드	1.9

1인당 GDP[b]

구매력평가지수 (미국$)	2020	2040
	$34.0K	$43.3K

종교[c]

	기독교	불가지론자 /무신론자	불교	무슬림
2020	65.1%	25.3%	2.4%	2.2%
2040	62.1%	27.8%	2.5%	2.4%

2020 연령 구조[a]

15세 미만	15~64	65세 이상
23.6%	63.6%	12.8%

2040 연령 구조[a]

15세 미만	15~64	65세 이상
20.9%	62.3%	16.8%

남성 연령 여성

100만

남성 연령 여성

100만

[a]UN 인구부 | [b]옥스퍼드 이코노믹스 | [c]세계 종교 데이터베이스

니아

2020
정부 유형[a]
국가 수

자유 민주주의 국가 **2**

자유롭고 공정한 다당 선거를 개최하며
언론 및 표현의 자유를 보장한다.
자유민주주의 국가는 법치주의를
옹호하며 행정부에 제약을 둔다.

선거 민주주의 국가 **2**

자유롭고 공정한 다당 선거를 개최하며
언론 및 표현의 자유를 보장하나
법치주의를 옹호하지 않거나 행정부에
제약을 두지 않는다.

선거 독재 국가 **2**

선거는 개최하나 자유롭고 공정한 다당
선거가 아니거나, 정부가 언론 및 표현의
자유를 보장하지 않는다.

폐쇄형 독재 국가 **0**

최고 지도자를 선출할 때 다당 선거조차
개최하지 않는다.

[a] 『민주주의의 다양성, 2020』

2019[b]
디지털 경제에 대한
준비상황

인터넷 사용자(인구 비율)[c]

0 — **60.2%** — 100

인력의 디지털 기술 등급[d]

1 = 전혀 없음 — **3.4** — 기술력 높음 = 7

정보 세계화 등급[e]

1 = 낮음 — **87.5** — 높음 = 100

B 2019년 또는 최근 데이터
C 국제전기통신연합
D 세계경제포럼
E KOF 세계화 지수

2040
기온, 가뭄,
허리케인

0 — 2.5

가장 더운 날 증가한 기온
섭씨 온도

연중 최장 가뭄이
2.5일 이상으로 증가

대형 허리케인 증가

이 지도[f]는 대표농도경로 4.5에 따른 UN 기후변동에 관한 정부간 패널
IPCC에서 명시한 조건에 따라 1980-2005년의 기본(베이스라인)
시나리오와 비교하여 2040년에 발생할 수 있는 최고 기온, 가뭄 및
허리케인/사이클론 활동의 변화를 보여준다. 다양한 기온 측정치를
사용할 수도 있었으나 연중 가장 더운 날의 최고 기온은 폭염과 관련된
중대한 인간, 농업 및 경제적 비용에 따라 선정되었다. 장기간의
가뭄까지 더해지면 영향력은 배가 된다.

『출처_데이터클레멘스 슈윙즈해클, 야나 실먼, 국제기후 및 환경연구센터
그래픽 제공_덴버대 파디 센터

도표 차례

감사의 글

국가정보위원회(이하 NIC)는 『글로벌 트렌드』를 연구하고 초안을 작성하기까지 싱크탱크를 비롯하여 대학과 컨설턴트, 기업가, 학자, 전문가와 학부생 및 정부 내외에서 활동 중인 동료 등, 각계각층의 다양한 인재들에게서 귀중한 자문을 받아왔다. 자문위원 각자에게 일일이 감사의 뜻을 밝히긴 어렵겠지만 『글로벌 트렌드』의 윤곽을 잡고 군살을 다듬는 과정에서 매우 중요한 역할을 한 위원과 기관에는 감사의 마음을 전하고 싶다.

많은 사람들이 글로벌 동향을 연구하고 보고서를 작성하는 데 일익을 담당해 왔다. 우선 시나리오 구상을 이끌어준 테리 하이뎃에게 감사드린다. 미래전략팀FSG은 부즈 앨런 해밀턴(Booz Allen Hamilton, 미국 내외에서 정부와 기업 및 비영리 단체에 관리나 기술 컨설팅, 분석, 엔지니어링, 디지털, 미션 운영 및 사이버 솔루션을 제공한다—옮긴이)에서 영입한 NIC 분석 프로그램 관리자의 지원활동과 듬직한 태도로 큰 힘을 얻었다. 또한 그래픽계의 거장인 마크 허낸데즈는 『글로벌 트렌드』의 표지 디자인을 총괄하며 NIC와 함께 독창적이고도 정교한 도표와 추가 자료를 제작하는 데 일조했다.

다망한 중에도 전문가답게 고견을 들려준 중앙정보국CIA과 국무부,

에너지부, 美국제개발청, 재무부, 국방부, 국가안보국 및 국가정보국장 등, 미국 정부에 두루 포진돼 있는 파트너에게도 감사드린다. 그들은 전문가 워크숍에 참여하고 초안을 검토하는가 하면 지역별 보고서와 기초 연구 보고서 및 『글로벌 트렌드』의 구체적인 콘텐츠를 작성하기도 했다. 국무부 산하 정보조사국Bureau of Intelligence and Research은 수십 건의 워크숍뿐 아니라 외부 전문가와의 교류를 주최하는 데 특히 중요한 역할을 담당했다. 『글로벌 트렌드』의 수준을 격상시킨 협업이었달까. 아울러 각 지역 및 국가의 전문지식을 제공하고 견문이 넓은 전문가를 두루 섭외할 수 있도록 기회를 마련해준 대사관 컨트리팀의 지도편달에 깊은 감사를 표한다. 사익SAIC과 라이도스Leidos 및 센트라 테크놀로지 Centra Technologies 등의 협력사는 『글로벌 트렌드』의 불확실한 미래를 조명한 워크숍을 소집하고 시뮬레이션 분석과 시나리오 토론 및 컨퍼런스 지원을 담당한 바 있다. 주요 트렌드와 시나리오 평가 용역을 위탁하고 연구에 투입된 브루킹스 연구소와 新미국안보센터, 전략국제문제연구소, 대외관계협의회, 이코노미스트 인텔리전스 유닛, 미래연구소, 국제전략연구소, 국립과학재단, 옥스퍼드경제연구소, 파디 국제미래센터, 랜드연구소, 영국 왕립국제문제연구소, 전략비즈니스인사이트 및 컨퍼런스보드에도 감사의 뜻을 전한다.

NIC는 조지타운대학교와 존스홉킨스대학교, 하버드대학교, 노트르담대학교, 스탠퍼드대학교, 터프츠대학교, 펜실베이니아대학교, 덴버대학교, 오스틴 텍사스대학교, 버지니아대학교 등, 유수 대학의 교수진 및 학생과 벌인 토론에서 귀중한 정보를 입수했으며, 인텔리전스 커뮤니티 우수학술센터와 연계된 대학 학생과의 가상토론에서는 중요한 피드백과 귀감을 얻기도 했다. 프로젝트 초기 당시 학생들과의 대담을 진행해 준 워싱턴 DC 컬럼비아하이츠 교육캠퍼스에도 감사드린다.

『글로벌 트렌드』는 국제적인 미래 전략가와의 교류로도 큰 성과를 얻었다. 캐나다의 폴리시호라이즌과 유럽 전략·정책분석시스템, 핀란드 혁신펀드SITRA, 핀란드 총리실 및 외교부, 경제협력개발기구의 전략전망위원회Strategic Foresight Unit, 스웨덴 외무부 및 국방대학, 싱가포르 미래전략센터, 영국 국방개발·개념·독트린센터 등을 두고 하는 말이다.

프로젝트의 한 가지 주요 구성인자는 전 세계 독자와의 대화였다. 바쁜 와중에도 지구촌 곳곳에서 저 나름의 아이디어와 시각을 들려준 학계와 재계 지도자와 공무원, 시민단체, 언론인 및 미래학자들에게 감사드린다.

개별적으로 감사의 인사를 전해야 할 사람들은 아래와 같다.

프린스턴대의 존 아이켄베리 교수는 연구를 진행한 3년간 미래전략팀과 함께 워크숍을 주재하며 굵직한 이슈를 다루었고 피드백과 지원을 아끼지 않았다. 동료학자 또한 힘닿는 데까지 최선을 다해 힘을 보탰다. 실명을 열거하자면 아미타브 아차랴와 로버트 아트, 셰리 버먼, 베어 브로밀러 자크 쿠퍼, 데일 코플랜드, 매트 대니얼스, 헨리 파렐, 타니샤 파잘, 마사 피네모어, 해럴드 제임스, 로버트 저비스, 마일스 칼러, 데이비드 강, 조나단 커크너, 제이콥 커크가드, 찰스 쿱챈, 제프 레그로, 마이크 매스탄더노, 케이트 맥나마라, 존 머샤이머, 조나단 모레노, 에이브러햄 뉴먼, 존 오웬, 배리 포젠, 미라 랩후퍼, 더글러스 레디커, 엘리자베스 손더스, 랜디 슈웰러, 잭 스나이더, 맨프레드 스테거, 콘스탄즈 스텔젠밀러, 모니카 토프트, 제시카 첸 와이스, 윌리엄 울포스, 톰 라이트, 앨리 와인 및 케런 야히밀로에게 감사드린다.

주요 정보를 제공하고 초안과 개요를 검토해준 학자와 전문가로는 제프 올숏과 다니엘 바이먼, 토머스 캐러더스, 제럴드 코헨, 데이비드 달러, 로즈 엥겔, 스티븐 펠드스타인, 마사 핀모어, 프랭크 개빈, 잭 골드스톤, 데이비드 고든, 컬렌 헨드릭스, 존 아이켄베리, 크리스 키르호프, 린치 크라우스, 클리스틴 로드, 미셸 매스탄더노 제이슨 매터니, 존 맥러플린, 케빈 닐러, 타라 오툴, 줄리아 필립스, 모니카 토프트, 애덤 워서먼, 스티브 웨버, 톰 라이트를 꼽는다.

핵심이 되는 보고서를 집필하거나 워크숍을 조직하거나, 혹은 일정 영역의 틀 안에서 주요 이슈를 개인이 직접 발표한 학자는 이렇다. 로버트 벤틀리와 세리 버먼, 에반 베리, 샘 브래넌, 할 브랜즈, 맷 카네스, 조제 카사노바, 리처드 신코타, 잭 차우, 앨런 쿠퍼맨, 키스 데어든, 피터 피버, 에리카 프란츠, 프랜시스 후쿠야마, 보니 글레이서, 잭 골드스톤, 애나 그리지말라부세, 피터 휴이버스, 윌 인보덴, 아자 카람, 리마 카와스, 제이슨 클로섹, 피터 만다빌, 더그 만델, 제임스 마니카, 엘리자베스 무어, DJ 패틸, 엘리자베스 프로드로무, 하이디 크레보레디커, 제니퍼 스쿠바, 로저스 스미스, 셰넌 스미스, 크리스티나 스토클, 애덤 워서먼, 에린 윌슨, 안드레아스 위머, 타마라 위테스 및 에롤 야이보크에게도 감사드린다.

끝으로, 인디애나대학의 서밋 갱글리는 『글로벌 트렌드』의 5년과 20년 후를 전망하는 지역별 전문가팀을 구성했다. 팀원으로 아미타브 아차랴와 코르넬리우스 아데바흐르, 클레멘트 아디베, 클라우디아 아벨라네다, 닐 드보타, 미셸 던, 에릭 판스워스, 티모시 헬위그, 스티븐 헤이데만, 피샬 아민 이스트라바디, 새미어 랄와니, 라울 마드리드, 사디아 페카넨, 윌리엄 리노, 알리 리아즈, 데이비드 샴보와 엘리자베스 트렐켈드가 있다.

역자소개

곽지원

한국외대에서 국제학과 독일어를 전공했고, 한국외대통번역대학원 한독과를 졸업했다. 독일어/영어 통번역가로 다양한 분야에서 활동 중이며, 최근에는 프랑스어 번역도 진행 중이다.

주정자

국민대학교를 졸업한 후 영어 강사로 활동했다. 현재 번역 에이전시 엔터스코리아에서 출판기획 및 전문 번역가로 활동하고 있다. 옮긴 책으로는 『디즈니의 악당들 1: 사악한 여왕』, 『디즈니의 악당들 4: 말레피센트』, 『디즈니 비행기: 더스티의 꿈』, 『피노키오』 외 다수가 있다.

김주희

한국외국어대학교 영어통번역학과와 서울외국어대학원대학교 한영과를 졸업했다. 통번역을 다년간 했으며 현재 국제회의통역사 및 전문 번역가로 활동하고 있다.

글로벌 트렌드 2040_코로나 이후, 다시 쓰는 경쟁 구도
Global Trends 2040: A More Contested World

초판 1쇄 발행 2021년 05월 20일

글 쓴 이   美 국가정보위원회
옮 긴 이   곽지원 주정자 김주희
펴 낸 곳   투나미스
발 행 인   유지훈
교정교열   편집팀

출판등록   2016년 06월 20일
출판신고   제2016-000059호
주   소   수원 팔달구 정조로 735 3층
이 메 일   ouilove2@hanmail.net
홈페이지   http://www.tunamis.co.kr
I S B N   979-11-90847-27-8 (03320)